Lepetit   Dictées et Texte suivi

DU MÊME AUTEUR :

GRAMMAIRE

Petit Lhomond des Écoles (le), ou Principes élémentaires de Grammaire française. Cartonné, 50 c.

EXERCICES PRÉPARATOIRES

AU COURS GRADUÉ DE DICTÉES FRANÇAISES

Première partie. 200 Devoirs nouveaux en phrases détachées sur les dix parties du discours et la ponctuation. — Livre de l'Élève, 75 c.; — Livre du Maître, 1 fr.

Deuxième partie. Nombreux Exercices en phrases détachées sur tous les points de la Syntaxe. — Livre de l'Élève, 75 c.; — Livre du Maître, 1 fr.

COURS GRADUÉ DE DICTÉES FRANÇAISES

EN TEXTE SUIVI, SUR UN PLAN ENTIÈREMENT NEUF

Dictées orthographiques

Cours de 1re année, partie de l'Élève, »   »
— partie du Maître, 1 fr. »
Cours de 2e année, partie de l'Élève, »   »
— partie du Maître, 1 fr. 50.
Cours de 3e année, dictées supérieures, suivies d'un Vocabulaire raisonné, 1 volume à l'usage du Maître, 2 fr.

Dictées orthologiques

En texte suivi, avec corrigé raisonné à la suite de chaque Dictée. volume à l'usage du Maître, 2 fr.

Dictées sur les Participes

1 volume à l'usage du Maître, 2 fr.

Dictées sur les Homonymes

Partie de l'Élève, »   »: — Partie du Maître, 1 fr. 50.

COURS GRADUÉ D'EXERCICES DE STYLE

Principes et exercices élémentaires de composition française, comprenant : 1º des Préceptes pour chaque genre ; 2º des Modèles de composition littéraire ; 3º de nombreux Exercices d'imitation. 1 volume à l'usage des Élèves. Cartonné, 75 c.

Premiers exercices de style épistolaire, 1 fr. 10.

Exercices de style, précédés de notions élémentaires sur la composition littéraire, à l'usage des pensions des deux sexes :
Cours de 1re année, 1 fr. 50. | Cours de 2e année, 1 fr. 50.

Principes et exercices élémentaires de versification française. 1 volume, cartonné, 75 c.

PRÉCIS DE LITTÉRATURE CLASSIQUE

Ou Histoire raisonnée des quatre grands siècles littéraires, avec citations et indications de Lectures, 4 volumes in-12, correspondant aux quatre siècles :
1er vol. *Siècle de Périclès*
2e vol. *Siècle d'Auguste;*
3e vol. *Siècle de Léon X et François Ier ;*
4e vol. *Siècle de Louis XIV.*
Prix de chaque volume : 1 fr. 50.

Coulommiers. — Typog. A. MOUSSIN.

DICTÉES EN TEXTE SUIVI

sur

LES SYNONYMES

DE LA LANGUE FRANÇAISE

PAR

THÉODORE LEPETIT

PROFESSEUR A PARIS

L'instruction et l'éducation ne
doivent jamais être séparées.

LIVRE DU MAÎTRE

PARIS

LAROUSSE ET BOYER, LIBRAIRES-ÉDITEURS
49, RUE SAINT-ANDRÉ-DES-ARTS, 49

DICTÉES SYNONYMIQUES

I.

SYNONYMES.

AVEC ATTENTION. — ATTENTIVEMENT.

Avec application de l'esprit.

AVEC ATTENTION dit plus que ATTENTIVEMENT.

Celui qui écoute AVEC ATTENTION ne perd rien ; rien ne lui échappe.	Celui qui écoute ATTENTIVEMENT est simplement attentif.

DIFFICULTÉ. — EMBARRAS.

Chacun de ces mots signifie quelque chose qui ne permet pas d'agir.

DIFFICULTÉ dit plus que EMBARRAS ; la DIFFICULTÉ rebute, l'EMBARRAS incommode seulement. En outre, EMBARRAS marque une situation plutôt qu'une chose : on lève une DIFFICULTÉ, on se tire d'un EMBARRAS.

APPAT. — AMORCE.

Pâtures dont on se sert pour allécher.

Au propre :

L'APPAT s'emploie pour toutes sortes d'animaux, même pour les plus gros, comme les quadrupèdes.	L'AMORCE est un appât particulier qu'on met à des hameçons pour prendre des poissons à la ligne.

Au figuré :

L'APPAT est quelque chose d'utile : L'APPAT *du gain, de l'or.* (Acad.)	L'AMORCE est quelque chose d'agréable : L'AMORCE *du plaisir, de la volupté.*

BALANCER. — HÉSITER.

Tarder à vouloir, à agir.

BALANCER, c'est mettre deux choses dans la balance, en comparer le poids, examiner laquelle l'emporte sur l'autre : BALANCER *dans le choix de deux objets.*

HÉSITER, c'est rester à la même place, demeurer dans le même état, ne pouvoir se résoudre : HÉSITER *dans les affaires.*

TOUCHANT. — PATHÉTIQUE.

Qui produit une impression sur l'âme.

TOUCHANT vient du verbe *toucher*, entrer en contact avec.

PATHÉTIQUE a été formé du grec *pathos*, souffrance, passion.

PATHÉTIQUE enchérit, par conséquent, sur TOUCHANT : *Ce récitatif est un exemple de modulation* TOUCHANTE *et tendre sans aller jusqu'au* PATHÉTIQUE. (J.-J. Rousseau.)

TOUCHANT appartient au langage ordinaire ; PATHÉTIQUE, au langage élevé.

DICTÉE SYNONYMIQUE.

LE PREMIER VOL DE L'OISEAU

N. B. LE LIVRE DE L'ÉLÈVE donne les divers synonymes dont il a été question dans chaque exercice (*avec attention, attentivement ; — difficulté, embarras...* etc.), et le choix du terme convenable fait l'objet du devoir. Il est donc indispensable que l'Élève ait entre les mains le livre qui le concerne.

Les leçons que l'oiseau donne à son petit pour lui apprendre à voler sont on ne peut plus curieuses. La mère se lève sur ses ailes ; le petit regarde *attentivement*, et se soulève un peu aussi. Puis, vous la voyez voleter ; il regarde, agite ses ailes.... Tout cela va bien encore, cela se fait dans le nid... La *difficulté* commence quand il s'agit d'en sortir. Elle l'appelle, elle lui montre quelque petit gibier tentant, elle lui promet récompense ; elle essaye de l'attirer par l'*appât* d'un moucheron. Le petit *hésite* encore. Et mettez-vous à sa place. Il ne s'agit pas de faire ici un pas dans une chambre, entre la mère et la nourrice, pour tomber sur des coussins. Cette hirondelle d'église, qui professe au haut de sa tour la première leçon de vol, a peine à enhardir son fils, à s'enhardir peut-être elle-même à ce moment décisif. Tous deux, j'en suis sûr, du regard plus d'une fois mesurent l'abîme et regardent le pavé. Pour moi, je vous le déclare, le spectacle est grand, *touchant*. Il faut qu'il croie sa mère, il faut qu'elle se fie à l'aile du petit si novice encore... Des deux côtés, Dieu exige un acte de foi, de courage. Noble et sublime point de départ!... Mais il a cru, il est lancé, et il ne retombera pas. Tremblant, il nage soutenu du paternel souffle du ciel, des cris rassurants de sa mère... Tout est fini... Désormais il volera indifférent par les vents et par les orages, fort de cette première épreuve où il a volé dans sa foi. (MICHELET.)

II.

SYNONYMES.

PRÉROGATIVE. — PRIVILÉGE.

Chose dont on jouit à l'exclusion des autres.

PRÉROGATIVE (*præ*, d'avance, et *rogare*, demander) est le nom qu'on donnait, à Rome, à la centurie à laquelle on demandait d'abord son suffrage dans les comices. Aujourd'hui, ce mot signifie avantage attaché à certaines fonctions, à certaines dignités, une préférence, une préséance : *Cette charge donne de belles* PRÉROGATIVES. *Cette église jouit de beaucoup de* PRÉROGATIVES. (Acad.)

PRIVILÉGE (*privata lex*) désignait une loi faite pour des particuliers, ou les particuliers pour qui cette loi avait été faite. Il exprime, dans notre langue, la faculté de jouir de quelque apanage qui n'est pas de droit : c'est, par exemple, l'exemption des charges imposées à tous ou le droit d'être jugé par un autre tribunal : *Les princes du sang ont de grands* PRIVILÉGES. *La plupart des* PRIVILÉGES *sont abolis par nos lois actuelles.* (Acad.)

INVOQUER. — IMPLORER.

Appeler à notre aide, à notre secours.

INVOQUER, c'est simplement appeler à son secours, à son aide : *Les poètes* INVOQUENT *souvent Apollon.* INVOQUER *la clémence du souverain,* INVOQUER *les saints,* INVOQUONS *la Divinité.* (Acad.)

IMPLORER, c'est appeler à son secours en pleurant, en cherchant à toucher par l'état déplorable dans lequel on se trouve : *J'*IMPLORAIS *Dieu dans mon affliction, je l'*IMPLORAIS *à genoux.* J'IMPLORE *de vous cette grâce.* (Acad.)

Ainsi :

IMPLORER dit plus que INVOQUER.

NONCHALANCE. — NÉGLIGENCE.

Manque d'activité.

La NONCHALANCE (du vieux verbe *nonchaloir,* n'avoir pas de chaleur) est un manque d'ardeur à faire une chose : *Il laisse ses affaires en désordre par* NONCHALANCE. *Il fait tout avec* NONCHALANCE. (Acad.)

La NÉGLIGENCE (du latin *negligere, nec legere,* ne pas choisir) est un défaut de soin, d'exactitude, d'application : *Il y a en cela de la* NÉGLIGENCE *de votre part. Ce livre est imprimé avec beaucoup de* NÉGLIGENCE. (Acad.)

A TERRE. — PAR TERRE.

Vers ou sur la terre.

A TERRE signifie *vers la terre :* la préposition *à* exprime une idée de direction : *Les fruits des arbres tombent* A TERRE.

PAR TERRE présente l'objet comme étendu le long du sol, sur la terre : *Les arbres tombent* PAR TERRE.

MORIBOND. — MOURANT.

Qui est sur le point de mourir.

MORIBOND signifie qui va mourir ; le moribond a peu de temps à vivre, et ses infirmités le menacent d'une mort prochaine : *Sixte-Quint contrefait l'humble et le* MORIBOND ; *on l'élit pape.* (Voltaire.)

MOURANT signifie qui se meurt ; le mourant est à son lit de mort, il se meurt : *Un homme frappé à mort tombe* MOURANT. (Bossuet). *Il a les yeux d'un homme* MOURANT. (Acad.)

DICTÉE SYNONYMIQUE.

LA JEUNE ALBANAISE MALADE.

Un air d'assurance, des paroles de consolation peuvent quelquefois rendre la vie à un *mourant* et mettre une famille dans la joie.

J'étais à Mégare : la femme d'un Albanais vint me chercher pour voir son enfant. Je trouvai une pauvre créature étendue *par terre* sur une natte, et ensevelie sous les haillons dont on l'avait couverte. Sa physionomie était intéressante; son front n'était pas encore brûlé des ardeurs du midi; de beaux cheveux noirs tombaient négligemment sur ses épaules : sa figure parut se ranimer à ma vue. Elle dégagea avec une sorte de *nonchalance* son petit bras, et l'étendit vers moi d'un air si confiant et si doux, que je me sentis ému jusqu'aux larmes. Je croyais voir Astyanax après l'embrasement de Troie, et sa mère éplorée me représentait la malheureuse Andromaque. J'examinai le pouls de l'enfant; elle avait la fièvre. Je portais avec moi de la quinine et du camphre pour me préserver des maladies et des pestes qui affligent trop souvent les provinces du Péloponèse; je les partageai avec la malade. On l'avait nourrie de raisin; j'approuvai le régime et recommandai la diète. J'eus aussi recours aux consolations religieuses, si puissantes auprès des infortunés : je parlai de la destinée de l'homme sur la terre, et de son âme faite pour le ciel; puis nous *invoquâmes* Christos et la Panagia (la Vierge), et je promis prompte guérison. Mes paroles firent sur la mère un merveilleux effet.

Je trouvai, en sortant, tout le village assemblé à la porte. Les femmes, aussi gaies que des Bacchantes, se portèrent en foule autour de moi, en me criant :

« Du vin! du vin! » Elles voulaient me témoigner leur reconnaissance en me forçant à boire. J'étais pour elles un dieu tutélaire : elles me comblaient de bénédictions; elles chantaient, elles dansaient et voulaient me porter en triomphe. Je les quittai avec la satisfaction d'avoir ajouté à Mégare quelques personnes de plus à celles qui peuvent me souhaiter un peu de bien dans les différentes parties du monde où j'ai porté mes pas. C'est un *privilége* du voyageur de laisser après lui beaucoup de souvenirs, et de vivre dans les cœurs des étrangers quelquefois plus longtemps que dans la mémoire de ses amis.

III.

SYNONYMES.

AVIS. — CONSEIL.

Instruction que l'on donne à quelqu'un pour le diriger dans sa conduite.

L'AVIS ne renferme dans sa signification aucune idée accessoire de supériorité, soit d'état, soit de génie : *Il se mêle toujours de donner des* AVIS. *Je pense, sauf meilleur* AVIS, *que nous ferons bien de partir avant la nuit.* (Acad.)

Le CONSEIL emporte avec lui au moins une de ces idées de supériorité, et quelquefois toutes les deux ensemble : *C'est un homme de bon* CONSEIL. *Je ne demande pas votre* CONSEIL *sur cela.* (Acad.)

REGRET. — REPENTIR.

Douleur que l'on éprouve d'avoir fait le mal ou de n'avoir pas fait le bien.

Le REGRET est le déplaisir d'avoir perdu un bien qu'on possédait, ou de n'avoir pas obtenu ce qu'on désirait : *J'ai* REGRET *de n'avoir pas acheté cette maison. J'ai* REGRET *d'avoir offensé Dieu.* (Acad.)

Le REPENTIR l'emporte sur le regret; c'est le regret amer d'une faute qu'on voudrait réparer : *Je lui ai pardonné sa faute, parce qu'il m'en a témoigné beaucoup de* REPENTIR. (Acad.)

OBSÈQUES. — FUNÉRAILLES.

Cérémonies qui se font aux enterrements.

On fait des OBSÈQUES à un particulier : *J'ai assisté à ses OBSÈQUES.* (Acad.)

On fait des FUNÉRAILLES à un roi : *On lui fit de pompeuses FUNÉRAILLES.* (Voltaire.)

Ainsi :

FUNÉRAILLES renchérit sur OBSÈQUES : *L'Église ne fait que des OBSÈQUES, et le faste fait des FUNÉRAILLES.* (Roubaud.)

PAROLE. — MOT.

Ce au moyen de quoi on manifeste ses pensées.

La PAROLE est la faculté naturelle à l'homme d'exprimer ses pensées : *Dieu a donné la PAROLE à l'homme.* (Acad.)

Le MOT est le signe conventionnel de l'idée qui sert à former la pensée : *Il faut, pour bien écrire, employer le MOT propre.* (Acad.)

PAROLE et MOT s'emploient quelquefois l'un pour l'autre ; mais alors MOT signifie quelque chose de plus que PAROLE : *Je vais vous dire en deux MOTS ce que je pense.*

TERRAIN. — TERROIR.

Certaine étendue de sol.

Le TERRAIN est un espace de terre considéré soit par rapport à quelque ouvrage qu'on y fait, ou qu'on pourrait y faire, comme une maison, une fabrique, etc., soit par rapport à quelque action qui s'y passe : *Il a un beau TERRAIN pour bâtir. Les assiégés disputèrent longtemps le TERRAIN.* (Acad.)

Le TERROIR est le sol considéré par rapport à l'agriculture : *Le TERROIR de la Bauce est bon pour les blés. Le TERROIR de la Bourgogne est bon pour les vins.* (Acad.)

DICTÉE SYNONYMIQUE.

LES FUNÉRAILLES DE GUILLAUME LE CONQUÉRANT.

Le conquérant de l'Angleterre, le puissant Guillaume, venait de terminer sa carrière de prince et de soldat ; sur sa couche de douleur, il venait de faire entendre et de sages *conseils* à ses fils, et de pieuses paroles de foi et de *repentir*.

Son corps, tout cadavre royal qu'il était, restait abandonné, et celui qui avait conquis un glorieux trône allait manquer d'un tombeau, quand un gentilhomme normand, nommé Herluin, se chargea des *funérailles*, et fit transporter les restes de son ancien maître à la sépulture qu'il avait désignée.

Le convoi de Guillaume-le-Conquérant approchait de l'église Saint-Etienne, à Caen, magnifique sépulcre que le prince chrétien s'était choisi. Toutes les pompes de la religion, tous les hauts dignitaires du clergé, tous prélats ou abbés puissants et de haute renommée, escortaient le cercueil.

La procession funéraire s'avançait lentement entre deux haies de peuple ; on n'entendait que le glas des cloches et le chant des prêtres... Tout à coup, un bourgeois de Caen, nommé Ascelin, se jette à l'encontre de la châsse royale, en criant : *Haro! Haro !*

A ce cri, tous s'étonnent et s'arrêtent, et Ascelin, élevant la voix, fait entendre ces *paroles* sous les voûtes sacrées :

« La place où vous voulez enterrer ce corps est à moi! Le roi, n'étant encore que duc, en a dépossédé mon père pour construire ce monastère. Je réclame mon *terrain*, et m'oppose à ce que l'usurpateur y soit inhumé. »

A cette voix, le cercueil qui allait être descendu dans la fosse est déposé sur les dalles du sanctuaire ; l'inhumation est suspendue. On examine la réclamation d'Ascelin; elle était juste : avant de confier à la tombe la dépouille du monarque le plus puissant de la chrétienté, il fallut compter au bourgeois de Caen le prix de la terre où le roi avait voulu dormir.

IV.

SYNONYMES.

SERVITUDE. — ESCLAVAGE.

État d'une personne qui ne jouit plus de sa liberté.
ESCLAVAGE dit plus que SERVITUDE.

La SERVITUDE impose un joug ; elle opprime la liberté : *Les inférieurs se vengent de la* SERVITUDE *par la liberté des discours.* (Massillon.) *La* SERVITUDE *est si peu naturelle à l'homme, qu'elle ne saurait exister sans quelque mécontentement.* (J.-J. Rousseau.)

L'ESCLAVAGE impose un joug de fer ; il détruit la liberté : *C'est le bienfait et la gloire de la civilisation moderne d'avoir rayé de nos cerveaux jusqu'à l'idée de* l'ESCLAVAGE. (St.-Marc-Girardin.) *Il aima mieux mourir que de tomber en* ESCLAVAGE. (Acad.)

HAINE. — ANTIPATHIE.

Aversion que l'on a pour une personne ou pour une chose.

La HAINE est un sentiment d'inimitié profonde : *L'Évangile nous défend d'avoir de la* HAINE, *même pour nos ennemis. La* HAINE *est aveugle.* (Acad.)

L'ANTIPATHIE est une aversion, une répugnance naturelle et non raisonnée qu'on a pour quelqu'un ou pour quelque chose. (Acad.) : *Il y a entre ces deux personnes une secrète* ANTIPATHIE. *J'ai de l'*ANTIPATHIE *pour la musique.* (Acad.)

TROMPER. — LEURRER.

Induire en erreur.

TROMPER, c'est user d'artifice pour induire en erreur : *Ce marchand nous a* TROMPÉS. *Ne vous fiez pas à lui, il vous* TROMPERAIT. (Acad.)

LEURRER, c'est induire en erreur par l'appât de fausses apparences. *Il a été* LEURRÉ *par de belles espérances. Il s'est laissé* LEURRER. (Acad.)

DÉFAUT. — VICE.

Ce qui empêche d'être bien.

Le DÉFAUT est simplement le manque d'une bonne qualité ; c'est une imperfection morale.

Le VICE est une mauvaise qualité intérieure, cause de dépravation, et, par conséquent, difficile à détruire.

Ainsi
Le VICE renchérit sur le DÉFAUT.

APPLAUDIR. — APPLAUDIR A.

Donner des applaudissements.

APPLAUDIR, c'est faire l'action physique marquée par ce verbe, c'est-à-dire battre des mains en signe d'approbation : *J'étais hier au spectacle, on* APPLAUDIT *beaucoup.* (Acad.)

APPLAUDIR A, c'est, au figuré, adhérer à, donner son assentiment à : *Toute l'assemblée* APPLAUDIT A *une proposition si juste. J'*APPLAUDIS A *votre conduite.* (Acad.)

DICTÉE SYNONYMIQUE.

LE FLATTEUR.

Qu'est-ce que le flatteur? C'est un esprit souple et commode, qui vient servilement sourire à tous vos regards, se récrier à toutes vos paroles, *applaudir à* toutes vos actions; c'est un esprit adroit et insinuant, qui étudie vos penchants pour les suivre, vos liaisons pour les cultiver, vos *défauts* même pour les encenser; c'est un esprit fourbe et dissimulé, qui vous loue et qui vous *trompe*, qui vous approuve en public et vous condamne en secret, et qui ne donne extérieurement dans votre faible que pour vous attirer plus sûrement dans le sien; c'est quelquefois un esprit jaloux et envieux qui paraît se faire un plaisir de votre élévation, et qui au fond se fait un tourment de votre prospérité; c'est souvent un esprit aigri, un ennemi couvert, mais qui ne cache sa *haine* sous les plus grands éloges que parce qu'il craint tout de votre autorité; c'est toujours un esprit vil et rampant, qui attend tout de sa propre dépendance, et qui, pour colorer encore la honte de sa *servitude*, appelle talent et habileté la malheureuse habitude qu'il a de faire des bassesses.

V.

SYNONYMES.

PHYSIOLOGUE. — PHYSIOLOGISTE.

Qui s'occupe de physiologie.

PHYSIOLOGUE se prend toujours en bonne part et désigne la personne qui cultive la physiologie : *La France a eu de savants* PHYSIOLOGUES.

PHYSIOLOGISTE se prend tantôt en bonne, tantôt en mauvaise part et désigne simplement celui qui s'occupe de physiologie.

GLOBE. — SPHÈRE.

Solide dans lequel toutes les lignes tirées du centre à la surface sont égales. (Acad.)

GLOBE est le terme vulgaire, usuel : *L'inaction forcée fut une longue agonie pour celui dont l'ambition ébranla le* GLOBE. *Faire le tour du* GLOBE. (Acad.)

SPHÈRE est le terme savant : *Le centre, le diamètre, la circonférence d'une* SPHÈRE. (Acad.)

POUR. — AFIN DE.

Ces deux prépositions signifient *en vue de, dans le dessein de.*

POUR marque une vue, une intention moins particulière : *J'avais dit cela* POUR *rire, et non* POUR *vous fâcher.* (Acad.)

AFIN DE marque une vue plus déterminée, plus particulière : *J'ai pris ce livre* AFIN DE *le consulter.* (Acad.)

MUTUEL. — RÉCIPROQUE.

Ces deux mots s'emploient en parlant de plusieurs personnes ou de plusieurs choses pour marquer qu'il y a entre elles un certain échange.

MUTUEL désigne un échange volontaire, désintéressé : *Le mari et la femme se sont fait un don* MUTUEL *de leurs biens.* (Acad.)

RÉCIPROQUE exprime un échange imposé, l'action de s'acquitter d'obligations contractées l'un envers l'autre : *Secours, bienfaits* RÉCIPROQUES. *Les amitiés qui ne sont pas* RÉCIPROQUES *ne peuvent être durables.*

EXPLICATION. — DÉVELOPPEMENT.

Action qui a pour but de faciliter la connaissance d'une chose.

L'EXPLICATION facilite l'intelligence : *Je vous donnerai* L'EXPLICATION *de ce passage. Cet article n'est pas clair, il peut recevoir deux* EXPLICATIONS *différentes.* (Acad.)

Le DÉVELOPPEMENT étend la connaissance ; dans ce sens, ce mot s'emploie presque toujours au pluriel : *Cela exigerait d'assez longs* DÉVELOPPEMENTS. *Entrer dans les* DÉVELOPPEMENTS. (Acad.)

DICTÉE SYNONYMIQUE.

PROGRÈS DES SCIENCES NATURELLES.

L'histoire naturelle est reconnue pour une science dont l'objet est d'employer les lois générales de la mécanique, de la physique et de la chimie à l'*explication* des phénomènes particuliers que manifestent les divers corps de la nature.

L'atmosphère et sa composition, les météores ; les eaux, leurs mouvements et ce qu'elles contiennent ; les divers minéraux, leur position *réciproque*, leur origine ; les formes extérieures et intérieures des végétaux et des animaux, leurs propriétés, les mouvements qui constituent les fonctions de leur vie, leur action *mutuelle pour* maintenir l'ordre et l'harmonie à la surface du *globe* ; voilà ce que le naturaliste doit raconter et expliquer. Quand il caractérise ou analyse les minéraux, on le nomme minéralogiste ; s'il expose leur situation et leur formation, il devient géologiste ; s'il décrit et classe les végétaux ou les animaux, il prend le titre de botaniste ou de zoologiste ; s'il les dissèque, celui d'anatomiste ; il devient *physiologue* quand il cherche à déterminer les phénomènes de la vie et à en fixer les lois... Aucune des branches de l'histoire naturelle ne peut plus se passer entièrement des autres, et moins encore de la physique et de la chimie. En vain voudrait-on maintenant classer les minéraux sans les analyser chimiquement et mécaniquement, ou les animaux sans connaître leur structure intime et les fonctions de leurs organes, le *physiologue* qui n'embrasserait pas dans ses méditations les phénomènes de la vie des plantes et celle de tous les animaux se perdrait bien vite en conjectures illusoires.

VI.

SYNONYMES.

CONTRAINDRE. — OBLIGER.

Exiger que quelqu'un fasse quelque chose.

CONTRAINDRE éveille une idée d'autorité, de force : *On le CONTRAIGNIT à se battre. On l'y CONTRAINDRA par force. On le CONTRAIGNIT de faire cette démarche.* (Acad.)	OBLIGER éveille une idée de droit : *La loi naturelle, la loi divine nous OBLIGE à HONORER père et mère. L'équité nous OBLIGE à restituer ce qui ne nous appartient pas.* (Acad.)

PRÉSOMPTION. — CONJECTURE.

Jugement fondé sur les apparences, sur des indices.

La PRÉSOMPTION est une opinion probable, fondée sur des motifs graves : *Il y a de grandes PRÉSOMPTIONS contre lui.* (Acad.)	La CONJECTURE n'est fondée que sur les apparences, sur des interprétations, des suppositions : *Je n'en parle que par CONJECTURE. Cet événement a donné lieu à beaucoup de CONJECTURES.* (Acad.)

SOUPÇONNÉ. — SUSPECTÉ.

Qui est l'objet d'une croyance désavantageuse.

On est SOUPÇONNÉ même sans motif : *Il fut injustement SOUPÇONNÉ de ce crime. Il est SOUPÇONNÉ d'être l'auteur de ces vers.* (Acad.)	On n'est jamais SUSPECTÉ sans quelque raison : *SUSPECTÉ d'entretenir des intelligences avec l'ennemi, il fut arrêté et traduit devant les tribunaux.*

DÉLIT. — CRIME. — FORFAIT.

Mauvaise action.

Ces trois mots forment une gradation ascendante.

Le DÉLIT est commis contre une loi civile : *Chasser en temps prohibé est un* DÉLIT.

Le CRIME est commis contre une loi civile et une loi naturelle : *Tuer un homme est un* CRIME.

Le FORFAIT est commis contre l'humanité et la société : *Incendier une ville ou empoisonner les fontaines publiques est un* FORFAIT.

QUOTIDIEN. — JOURNALIER.

Qui revient chaque jour.

QUOTIDIEN est ce qui revient chaque jour, mais sans occuper toute la durée du jour : *Journal* QUOTIDIEN ; *Feuille* QUOTIDIENNE. (Acad.)

JOURNALIER se dit de ce qui revient tous les jours, que l'action occupe ou n'occupe pas toute la durée du jour : *Occupation* JOURNALIÈRE ; *tâche* JOURNALIÈRE. (Acad.)

DICTÉE SYNONYMIQUE.

DES ANCIENNES PREUVES JUDICIAIRES.

La croyance à l'intervention *journalière* et immédiate de la Divinité dans les événements humains, se combinant avec la difficulté d'obtenir des preuves directes de la culpabilité, dans un temps où l'administration et la police judiciaires étaient à peu près nulles, a amené dans les siècles barbares l'introduction de certaines épreuves plus ou moins arbitraires, d'où l'on faisait dépendre l'innocence ou la culpabilité de l'accusé.

On retrouve l'appel au jugement de Dieu, avec une très-grande extension, chez les peuples orientaux. De là, cette superstition avait passé dans la Grèce. La sévère raison des Romains paraît les avoir mis à l'abri des preuves de cette nature. Enfin, au Bas-Empire, l'épreuve du fer rouge était en pleine vigueur, et celle qui paraît s'être maintenue le plus tard, c'est celle du cercueil, dont on trouve encore des exemples au XVIᵉ siècle. Lorsqu'on n'avait pu découvrir l'auteur d'un *crime*, on *obligeait* tous ceux qui étaient *soupçonnés* d'y avoir participé à venir toucher le corps de la victime exposé sur un cercueil. Si le cadavre était mis en contact avec le meurtrier, il devait laisser échapper quelques gouttes de sang. Cette épreuve, qui devait agir vivement sur les imaginations, était loin d'être sans danger pour l'innocence.

Aujourd'hui, qu'on ne peut plus faire dépendre ainsi la culpabilité ou l'innocence de circonstances qui n'ont aucun trait, au fond, à la réalité du délit, les *présomptions* doivent être abandonnées à l'appréciation du juge.

<hr>

VII.

SYNONYMES.

FAROUCHE. — SAUVAGE.

Qui est peu sociable.

FAROUCHE accuse la férocité du caractère; l'être FAROUCHE s'isole des autres hommes, qu'il suppose animés des sentiments d'inimitié qu'il éprouve lui-même : *Peuples* FAROUCHES; *naturel* FAROUCHE: *humeur* FAROUCHE. (Acad.)

Le SAUVAGE accuse le manque d'éducation et de culture; il se tient à l'écart des personnes qu'il ne connaît pas ou qu'il connaît peu, parce qu'il sait ce qui lui manque pour entrer en commerce avec elles : *Ce jeune homme est encore* SAUVAGE. (Acad.)

FEINDRE. — DISSIMULER.

Ne pas laisser apercevoir ce qu'on pense, ce qu'on veut faire.

FEINDRE, c'est affecter une pensée ou un sentiment *qu'on n'a pas réellement : Il* FEIGNIT *une maladie. En* FEIGNANT *d'aller à la chasse, il se sauva.* (Acad).

DISSIMULER, c'est cacher une pensée, un sentiment, un dessein *qu'on a : La prudence veut qu'on* DISSIMULE *quelquefois.* (Acad.)

FABRIQUE. — MANUFACTURE.

Établissement industriel.

La FABRIQUE, limitée dans ses moyens, est une manufacture en petit, et roule sur des objets d'un commerce ordinaire. On dit FABRIQUE *de bas, de bonnets, de chocolat, d'allumettes, d'horlogerie, de chapeaux,* etc.

La MANUFACTURE est une entreprise en grand qui embrasse des objets d'un prix élevé, des objets de luxe. On dit MANUFACTURE *de glaces, de porcelaines, de soie, de tapisseries,* etc.

ÉTUDIER. — APPRENDRE.

Ces deux mots sont synonymes en ce qu'ils expriment l'un et l'autre l'idée d'acquisition de connaissances.

ÉTUDIER, c'est simplement travailler à connaître les règles d'une science, d'un art, etc. : *J'ai encore besoin d'*ÉTUDIER, *pour passer un bon examen.* (Acad.)

APPRENDRE, c'est s'appliquer avec fruit à connaître les règles d'une science, d'un art : *Il* A APPRIS *l'anglais en peu de temps; il le parle fort bien.*

OUVRIER. — ARTISAN.

Qui travaille des mains.

L'OUVRIER est celui qui fait un genre quelconque d'ouvrage manuel : *Un moissonneur, un charretier,* etc.

L'ARTISAN est celui qui exerce un métier, un art qui exige un apprentissage : *Un forgeron, un tisserand.*

N. B. Cette distinction n'est pas toujours bien observée.

DICTÉE SYNONYMIQUE.

PIERRE LE GRAND.

Pierre Alexiowitz avait reçu une éducation qui tendait encore à augmenter la barbarie de la Russie. Son naturel lui fit d'abord aimer les étrangers, avant qu'il sût à quel point ils pouvaient lui être utiles. Il résolut d'être homme, d'adoucir le caractère *farouche* de ses sujets, et de commander à des hommes. Il *dissimula* ses projets, quitta la Russie après deux ans de règne, et alla en Hollande, déguisé sous un nom vulgaire, comme s'il avait été un domestique de ce même Lefort qu'il envoyait ambassadeur extraordinaire auprès des États-Généraux. Arrivé à Amsterdam, inscrit dans le rôle des charpentiers de l'amirauté des Indes, il y travaillait dans le chantier comme les autres charpentiers. Dans les intervalles de son travail, il *apprenait* les parties des mathématiques qui peuvent être utiles à un prince, les fortifications, la navigation, l'art de lever les plans. Il entrait dans les boutiques des ouvriers, examinait toutes les *manufactures*; rien n'échappait à ses observations. De là, il passa en Angleterre, où il se perfectionna dans la science de la construction des vaisseaux; il repassa en Hollande, et vit tout ce qui pouvait servir à sa patrie. Enfin, après deux ans de voyages et de travaux auxquels nul autre homme que lui n'eût voulu se soumettre, il reparut en Russie, amenant avec lui les arts de l'Europe. Des *artisans* de toute espèce l'y suivirent en foule. On vit pour la première fois de grands vaisseaux massés sur la mer Noire, dans la Baltique et dans l'Océan.

VIII.

SYNONYMES.

PLUSIEURS. — MAINT.

Un certain nombre de personnes ou de choses.

PLUSIEURS signifie simplement plus d'un et est de tous les styles : *Il est arrivé* PLUSIEURS *bâtiments. Je crois cela par* PLUSIEURS *raisons.* (Acad.)

MAINT est familier et équivaut à *beaucoup de* : MAINTE *fois* ou MAINTES *fois.* — Souvent il se répète : *Par maints et maints travaux. Il m'a fait* MAINTE *et* MAINTE *difficulté.* (Acad.)

CHAINES. — FERS.

Choses qui servent à attacher et à retenir.

Au propre :

Les CHAINES sont des composés d'anneaux en fer engagés les uns dans les autres : *Tendre des* CHAINES *dans les rues. Dans la marine militaire, on emploie aujourd'hui des* CHAINES *pour câbles.* (Acad.)

Les FERS sont l'assemblage des chaînes dont on charge une personne privée de sa liberté : *On lui mit les* FERS *aux pieds.* (Acad.)

Ainsi FERS dit plus que CHAINES.

Au figuré :

CHAINES se prend tantôt en bonne, tantôt en mauvaise part : *Il se plaît dans ses* CHAINES. *Ces peuples ont rompu leurs* CHAINES *et se sont mis en liberté.* (Acad.)

FERS se dit toujours d'un rude servage : *Ces peuples, qui avaient gémi longtemps sous la tyrannie, ne songèrent plus qu'à briser leurs* FERS. (Acad.)

DÉFAITE. — DÉROUTE.

L'idée de troupes vaincues est commune à ces deux noms.

DÉFAITE signifie simplement perte d'une bataille : *Après la* DÉFAITE *des ennemis. La* DÉFAITE *des ennemis a été sanglante.*

DÉROUTE dit plus que DÉFAITE : c'est la dispersion d'une armée qui fuit en désordre : *Dans la* DÉROUTE, *il se fit un grand carnage.* (Acad.)

ESPÉRER. — ESPÉRER DE.

ESPÉRER, suivi immédiatement d'un infinitif, suppose qu'on obtiendra facilement ce qu'on désire : *J'*ESPÈRE *le voir bientôt.* (Acad.) *J'*ESPÈRE *me promener.*

ESPÉRER DE suppose des obstacles, des difficultés à vaincre : *On ne pouvait* ESPÉRER DE *vaincre des ennemis si nombreux. Dois-je* ESPÉRER DE *gagner mon procès?*

DICTÉE SYNONYMIQUE.

DUGUAY-TROUIN.

Louis XIV, qui ne voyait point le danger partout où il voyait la gloire, s'arme pour remettre Jacques II sur le trône... Les flottes de Louis couvrent les mers.

Six vaisseaux de guerre ont entouré Duguay-Trouin; il est seul, et il ose les combattre. Quatre heures de combat n'ont pas épuisé son courage. Cent pièces d'artillerie tonnent sur son vaisseau; ses mâts sont rompus, ses voiles sont déchirées, bientôt ses débris couvriront la mer. Une âme faible n'eût pensé qu'à se rendre; une âme bouillante et féroce n'eût pensé qu'à mourir; Duguay-Trouin ose encore *espérer de* vaincre. Mais il est un point au delà duquel les âmes communes ne passent jamais. Ses soldats se révoltent et refusent de combattre; malheureux qui osent préférer la honte à la mort! En même temps le vaisseau s'embrase. Duguay-Trouin fait éteindre les flammes, court à ses soldats, les ramène; mais il est lui-même frappé, il tombe, et il n'y a que l'instant de sa chute qui puisse devenir le signal de sa *défaite*. Les ennemis se rendirent maîtres de sa personne et de son vaisseau; mais ses vertus, mais son courage altier et indomptable, cet honneur, l'idole du guerrier, et surtout d'un Français, cette âme si fière et si élevée, rien de tout cela ne fut en leur pouvoir; et, malgré la fortune, il fut respectable dans les *fers*. Par quels exploits Duguay-Trouin se venge de sa prison! Les côtes de l'Angleterre deviennent le premier théâtre de ses victoires. Déjà il traîne six vaisseaux enchaînés. Il court au-devant d'une flotte de soixante voiles escortée par deux vaisseaux de guerre. La foudre lui en a soumis un; trois abordages l'ont rendu maître de l'autre. Son roi daigne lui envoyer une épée, seul présent digne de Duguay-Trouin ; car, chez lui, jamais l'intérêt ne balança l'honneur. Vainqueur de *plusieurs* pays, et de quatre cents vaisseaux, il mourut dans la médiocrité.

IX.

SYNONYMES.

SACRIFIER. — IMMOLER.

Offrir quelque chose à Dieu avec certaines cérémonies, pour lui rendre un hommage souverain.

SACRIFIER, c'est offrir en sacrifice : SACRIFIER *un agneau*. *Abraham* SACRIFIA *son fils*. — Il se dit aussi du culte païen : *Il refusa de* SACRIFIER *aux idoles.*	IMMOLER, c'est égorger l'être animé que l'on sacrifie : *Les Druides* IMMOLAIENT *des victimes humaines à leurs dieux.*

DOMMAGE. — PERTE.

Privation de quelque chose d'avantageux, d'agréable ou de commode, qu'on avait.

Le DOMMAGE est une privation partielle : *L'inondation a causé beaucoup de* DOMMAGE. (Acad.)	La PERTE est une privation totale : *Il est bien dédommagé des* PERTES *qu'il a faites.* (Acad.)

CONTENTEMENT. — SATISFACTION.

Plaisir du cœur, de l'esprit.

Le CONTENTEMENT est l'état d'un cœur qui ne désire plus rien : CONTENTEMENT *passe richesse.* (Acad.)	La SATISFACTION est le résultat d'un succès obtenu ; elle n'empêche pas de désirer encore : *Cet enfant donne de la* SATISFACTION *à ses parents.* (Acad.)

AMBASSADEUR. — ENVOYÉ.

Qui est chargé de parler ou d'agir auprès d'un souverain.

L'AMBASSADEUR parle et agit au nom de son souverain, qu'il représente et dont il déclare les volontés : *L'AMBASSADEUR d'Espagne en France vient de mourir.* (Acad.)

L'ENVOYÉ n'est qu'un simple ministre autorisé, sans aucun caractère de représentation ni pleins-pouvoirs, en vertu desquels il puisse engager son gouvernement : *Il n'y a point d'ambassadeur de tel prince dans cette cour, il n'y a qu'un* ENVOYÉ. (Acad.)

HYMEN. — HYMÉNÉE.

Divinité païenne qui présidait aux noces, au mariage ; par extension, le mariage lui-même.

HYMEN désigne seulement les noces et leur célébration : *Le moment fixé pour l'HYMEN arriva.* (Montesquieu.)

L'HYMÉNÉE s'étend à tout le temps de l'union, c'est l'état du mariage. *Ils vivent heureux sous les lois de l'HYMÉNÉE.*

DICTÉE SYNONYMIQUE.

LE HIBOU.

Un jeune hibou, qui s'était vu dans une fontaine, et qui se trouvait plus beau, je ne dis pas que le jour, car il le trouvait fort désagréable, mais que la nuit, qui avait de grands charmes pour lui, disait en lui-même : « J'ai *sacrifié* aux Grâces ; Vénus a mis sur moi sa ceinture dès ma naissance ; les tendres Amours, accompagnés des Jeux et des Ris, voltigent autour de moi pour me caresser. Il est temps que le blond *hymen* me donne des enfants gracieux comme moi ; ils seront l'ornement des bocages et les délices de la nuit. Quel *dommage* que la race des plus parfaits oiseaux se perdît ! Heureuse l'épouse qui passera sa vie à me voir ! » Dans cette pensée, il envoie la corneille demander de sa part une petite aiglonne, fille de l'aigle, roi des airs. L'oiseau avait peine à se charger du rôle d'*ambassadeur*. « Je serai mal reçue, disait la corneille, de proposer un mariage si mal assorti. Quoi! l'aigle, qui ose regarder fixement le soleil, se marierait avec vous, qui ne sauriez seulement ouvrir les yeux tandis qu'il est jour! C'est le moyen que les deux époux ne soient jamais ensemble; l'un sortira le jour, et l'autre la nuit. » Le hibou, vain et amoureux de lui-même, n'écouta rien. La corneille, pour le *contentement* du hibou, alla demander l'aiglonne. On se moqua de sa folle demande. L'aigle lui répondit : « Si le hibou veut être mon gendre, qu'il vienne après le lever du soleil me saluer au milieu de l'air. » Le hibou, présomptueux, y voulut aller. Ses yeux furent d'abord éblouis. Il fut aveuglé par les rayons du soleil et tomba du haut de l'air sur un rocher. Tous les oiseaux se jetèrent sur lui, et lui arrachèrent ses plumes. Il fut trop heureux de se cacher dans son trou, et d'épouser la chouette, qui fut une digne dame du lieu. Leur *hymen* fut célébré la nuit, et ils se trouvèrent l'un et l'autre très-beaux et très-agréables.

Il ne faut rien chercher au-dessus de soi, ni se flatter sur ses avantages.

X.

SYNONYMES.

BONHEUR. — FÉLICITÉ.

État heureux, prospère.

Le BONHEUR est une suite d'événements heureux, il vient du dehors: *Envier le* BONHEUR *d'autrui. Rien ne trouble son* BONHEUR. (Acad.)

La FÉLICITÉ est l'état d'une âme contente; elle est tout intérieure : *Le juste jouit d'une* FÉLICITÉ *que rien ne saurait troubler. La véritable* FÉLICITÉ *ne peut se trouver qu'en Dieu.* (Acad.)

DÉFAVEUR. — DISGRACE.

Privation de faveur ou de crédit.

La DÉFAVEUR est une diminution ou bien une cessation de faveur ; celui qui est en *défaveur* éprouve des refus, n'est pas écouté, est éconduit et dédaigné : *Fénelon fut toujours en* DÉFAVEUR *auprès de Louis XIV.*

La DISGRACE est la perte complète de la bienveillance et des bonnes grâces d'une personne puissante ; celui qui est en disgrâce est tenu rudement à l'écart, exilé et quelquefois frappé de la colère du maître : *La* DISGRACE *du surintendant Fouquet eut un grand retentissement en France.*

AUTORITÉ. — CRÉDIT.

Ce qu'une personne a d'action sur l'esprit ou la volonté d'une autre personne.

L'idée propre d'AUTORITÉ est celle de supériorité ; un père est supérieur à son fils ; de là l'autorité du premier sur le second : *Il a bien de l'*AUTORITÉ *dans sa famille.* (Acad.)

Le CRÉDIT est une puissance que nous exerçons sur quelqu'un, en vertu de l'ascendant que nous avons sur son esprit, ou de la confiance qu'il a mise en nous : *Il y a employé tout son* CRÉDIT. *Son* CRÉDIT *est bien diminué.* (Acad.)

FRIVOLE. — FUTILE.

Qui n'a pas d'importance.

Les objets FRIVOLES sont des bagatelles ; ils ne sont bons que pour l'amusement et le badinage. *Certaines gens s'occupent sérieusement d'objets* FRIVOLES. *Ce prétexte est* FRIVOLE. (Acad.)

Les objets FUTILES sont des riens ; ils sont impropres à tout, d'une inutilité absolue : *Cet argument me paraît bien* FUTILE. *Un talent* FUTILE. (Acad.)

AIDE. — APPUI.

L'idée de secours est commune à ces deux mots.

L'AIDE sert dans les travaux : *Il faut tout attendre de l'*AIDE *de Dieu. On a fait de grandes découvertes à l'*AIDE *du télescope.* (Acad.)

L'APPUI soutient dans tous les temps notre faiblesse : *Ce vieillard ne peut marcher sans un* APPUI. (Acad.)

DICTÉE SYNONYMIQUE.

LA SIMPLICITÉ, BONHEUR DE L'HOMME.

Moins nous nous éloignons de la simplicité, plus nous approchons du *bonheur*. Les besoins réels sont très-bornés et très-aisément satisfaits; ce sont ceux de l'opinion qui sont multipliés et fatigants. Lorsque je vois l'homme inquiet et avide se ployer à toutes les formes, se fatiguer en intrigues, essuyer mille *disgrâces*, supporter les plus grandes mortifications, à quoi donc prétend-il? me dis-je. Ne peut-il vivre tranquille, indépendant, jouir de lui-même et des plus douces satisfactions attachées à l'humanité, sans se livrer à ce tourment perpétuel? Sans doute il pourrait être heureux ; mais il veut acquérir des biens dont il n'a que faire, des distinctions qui, dans l'esprit des autres, traceront de sa personne une plus grande image ; un *crédit* dont l'emploi lui donnera des ingrats et des envieux : voilà les besoins de sa fantaisie et de son état, et voilà les malheurs dont il paye l'apparence *futile* qu'encense un imbécile vulgaire.

Que j'estime bien plus ce citoyen paisible cultivant le champ de ses pères, élevant une famille où ses soins font régner la concorde et perpétuer ses vertus ; recevant de ses voisins l'hommage que lui méritent son équité et sa bienfaisance! Le citadin superbe ne voit souvent en lui qu'un homme commun et rustre ; mais l'indigent y voit un consolateur, les faibles y trouvent un *appui*, et le sage y considère l'homme de la nature, l'homme vrai et simple, utile à la société et respectable aux yeux des philosophes.

XI.

SYNONYMES.

DÉMONSTRATIONS. — TÉMOIGNAGES.

Marques d'un sentiment.

Les DÉMONSTRATIONS sont extérieures ; elles consistent dans les manières, les paroles, et sont souvent fausses : *Il lui fait tous les jours de grandes DÉMONSTRATIONS d'amitié.* (Acad.)

Les TÉMOIGNAGES sont, au contraire, comme des témoins dignes de foi, des signes non équivoques du sentiment dont il s'agit : *Il lui a donné de grands TÉMOIGNAGES de son affection.* (Acad.)

NUL. — AUCUN.

Pas un.

NUL (du latin *ne ullus, ne unus,* pas un) porte avec lui sa négation et, par conséquent, nie essentiellement : NUL *n'est exempt de mourir. Je n'en ai NULLE connaissance.* (Acad.)

AUCUN (du latin *aliquis unus,* quelqu'un) a par lui-même un sens affirmatif, et, par conséquent, a besoin d'une négation pour signifier *pas un* : *Je ne connais AUCUN de vos amis. De tous ceux qui se disaient mes amis, AUCUN m'a-t-il secouru?* (Acad.)

PRIER. — SUPPLIER.

Demander une chose qu'on regarde comme une grâce.

PRIER, c'est simplement demander par grâce : *C'est un homme que je vous PRIE de protéger.* (Acad.)

SUPPLIER, c'est demander d'une manière humble, soumise, respectueuse : *Je vous SUPPLIE, Monsieur, d'aller le voir.* (Acad.)

CONTINUELLEMENT. — CONSTAMMENT.

Sans interruption.

CONTINUELLEMENT se dit d'une série d'actions qui se succèdent sans intervalle, de manière que l'une est aussitôt remplacée par une autre nouvelle : *Ils se querellent CONTINUELLEMENT.* (Acad.)

CONSTAMMENT se dit d'un genre habituel d'action dont on ne se départ pas, qu'on observe d'une manière inviolable : *Les astres suivent CONSTAMMENT la route qui leur fut tracée.* (Acad.)

DICTÉE SYNONYMIQUE.

L'ABBÉ DE L'ÉPÉE.

Le nom des bienfaiteurs de l'humanité doit être écrit en caractères ineffaçables dans l'histoire des peuples. Il faut que chaque génération transmette le souvenir de leurs bienfaits à celle qui lui succède, afin que leur nom arrive entouré de respect et de vénération jusqu'à la postérité la plus reculée ; *nul* ne mérite mieux le titre de bienfaiteur de l'humanité que l'abbé de l'Epée, le premier instituteur des sourds-muets.

L'illustre prêtre reçut de plusieurs cours étrangères des *témoignages* de la vénération qu'inspirait son généreux dévoûment à ses élèves. Un jour, l'abbé de l'Épée se préparait à dire sa messe à Saint-Roch, lorsqu'un inconnu demanda à remplacer l'enfant qui la servait ordinairement. Après la messe, l'étranger suivit l'abbé à son école ; la leçon finie, le visiteur présenta un petit paquet au vertueux instituteur, et le *pria* de l'accepter comme un *témoignage* de l'admiration qu'il lui avait inspirée. C'était une magnifique tabatière enrichie de diamants et ornée du portrait de Joseph II, empereur d'Allemagne. L'inconnu était l'empereur lui-même.

Quoique presque octogénaire et atteint de plusieurs infirmités, l'abbé de l'Épée s'imposait les plus dures privations pour donner un peu de bien-être à ses élèves. Ainsi, pendant un hiver très-rigoureux, il restait *constamment* sans feu. Un jour, la privation que s'imposait le pauvre vieillard, et qu'il cherchait à cacher à tous les yeux, fut découverte. Les élèves accoururent, les yeux baignés de larmes, et le *supplièrent* à genoux, dans leur langage animé, de se conserver pour eux.

L'abbé de l'Épée avait atteint l'apogée de sa gloire en 1789, lorsqu'il mourut, âgé de soixante-dix-huit ans.

XII.

SYNONYMES.

INGÉNIEUX. — INDUSTRIEUX.

Qui sait trouver en lui-même des moyens.

L'INGÉNIEUX imagine : *Dans les fables de* LA FONTAINE, *le renard est souvent* INGÉNIEUX.

L'INDUSTRIEUX trouve les moyens d'exécuter : *Le castor est* INDUSTRIEUX.

INDÉCIS. — IRRÉSOLU.

Qui ne sait pas prendre de parti.

L'INDÉCIS ne sait à quoi se décider ; il balance entre des opinions sans se fixer par un jugement : *C'est un homme* INDÉCIS, *toujours* INDÉCIS. (Acad.)

L'IRRÉSOLU ne sait à quoi se résoudre ; il flotte d'un parti à l'autre sans s'arrêter définitivement à aucune manière d'agir : *Il y a trois jours que je suis* IRRÉSOLU *sur cette affaire.* (Acad.)

PROCHAIN. — VOISIN.

Qui n'est pas loin.

PROCHAIN exprime une proximité de lieu ou de temps : *Nous nous arrêterons au* PROCHAIN *village. Son départ est* PROCHAIN. (Acad.)

VOISIN n'exprime qu'une proximité de lieu : *Ce jardin-là est trop* VOISIN *du grand chemin. Nous ne saurions être plus* VOISINS. (Acad.)

DISPUTE. — QUERELLE.

Altercation vive et animée.

La DISPUTE est causée par la contrariété des opinions : *Ils sont toujours en* DISPUTE. *Les* DISPUTES *de religion.* (Acad.)

La QUERELLE est causée par l'aigreur des esprits : *Vider une* QUERELLE *par le combat. Ils prirent* QUERELLE *au jeu.*

DISPUTE se prend en bonne part ; QUERELLE, toujours en mauvaise.

ÉCHANGE. — TROC.

Action de changer une chose pour une autre.

ÉCHANGE appartient au style noble et se dit de choses considérables : *En* ÉCHANGE *de son domaine, il lui a donné des rentes, une maison.* (Acad.)

TROC est un terme vulgaire, et ne se dit guère que des valeurs de médiocre importance : *Faire un* TROC. TROC *pour* TROC. (Acad.)

DICTÉE SYNONYMIQUE.

UNE PREUVE INGÉNIEUSE.

Un voyageur espagnol avait rencontré un Indien au milieu d'un désert. Il étaient tous deux à cheval ; l'Espagnol, qui craignait que le sien ne pût faire sa route, parce qu'il était très-mauvais, demanda à l'Indien, qui en avait un jeune et vigoureux, à faire un *échange ;* celui-ci refusa, comme de raison. L'Espagnol lui cherché une mauvaise *querelle,* ils en viennent aux mains ; mais l'Espagnol, bien armé, se saisit facilement du cheval qu'il désirait, et continue sa route. L'Indien le suit jusque dans la ville *prochaine,* et va porter ses plaintes au juge. L'Espagnol est obligé de comparaître et d'amener le cheval ; il traite l'Indien de fourbe, assurant que le cheval lui appartient et qu'il l'a élevé tout jeune.

Il n'y avait point de preuve du contraire, et le juge, *indécis,* allait renvoyer les plaideurs hors de cour et de procès, lorsque l'Indien s'écria : « Le cheval est à moi, et je le prouve. » Il ôte aussitôt son manteau, en couvre subitement la tête de l'animal, et, s'adressant au juge : « Puisque cet homme si *ingénieux,* dit-il, assure avoir élevé ce cheval, commandez-lui de dire duquel des deux yeux il est borgne. » L'Espagnol ne veut point paraître hésiter et répond à l'instant : « De l'œil droit. » Alors l'Indien, découvrant la tête du cheval : « Il n'est borgne, dit-il, ni de l'œil droit, ni de l'œil gauche. » Le juge, convaincu par une preuve si forte, lui adjugea le cheval, et l'affaire fut terminée.

XIII.

SYNONYMES.

ÉLÈVE. — DISCIPLE.

Qui prend des leçons de quelqu'un.

L'ÉLÈVE reçoit des leçons d'un maître qui le forme à sa profession : *Cet* ÉLÈVE *a obtenu plusieurs prix. Raphaël fut* ÉLÈVE *de Pérugin.* (Acad.)

Le DISCIPLE est simplement celui qui fait adhésion aux sentiments d'un autre, qu'il en ait reçu ou non des leçons : *Les* DISCIPLES *de Platon, d'Aristote. Les* DISCIPLES *de saint Augustin.* (Acad.)

PRENDRE. — SURPRENDRE.

Être inopinément témoin d'une action faite par quelqu'un.

PRENDRE énonce simplement le fait : *On m'a* PRIS *plusieurs de mes livres.*

SURPRENDRE signifie prendre sur le fait, au moment où l'on s'y attend le moins : *Je l'ai* SURPRISE *mettant du fard.* (Acad.)

IL FAUT. — IL EST NÉCESSAIRE.

Ces deux expressions marquent l'obligation.

IL FAUT marque une obligation de complaisance, de coutume : IL FAUT *voir le monde pour se former.* IL FAUDRA *le satisfaire.* (Acad.)

IL EST NÉCESSAIRE marque une obligation essentielle, indispensable : IL EST NÉCESSAIRE *d'être sage pour être content de soi-même.* (Acad.)

SAGESSE. — PRUDENCE.

Bonne conduite dans le cours de la vie.

La SAGESSE, éclairée et prévoyante, fait agir et parler à propos : *Il agit selon sa* SAGESSE *ordinaire. On s'est toujours conduit avec beaucoup de* SAGESSE. (Acad.)

La PRUDENCE, réservée et timide, empêche de parler et d'agir mal à propos : *Sa valeur est réglée par la* PRUDENCE. (Acad.)

BLAMER. — CENSURER.

Dire qu'une chose est mauvaise.

BLAMER, c'est trouver quelque chose de mauvais dans une action ou dans la conduite de quelqu'un : *On ne peut, je crois, louer et* BLAMER *tout.* (Acad.) *Nous* BLAMONS *ce que nous ne savons pas ou ne voulons pas admirer.* (Ebiste.)

CENSURER, c'est exprimer sa désapprobation d'une manière publique : *On a fort* CENSURÉ *sa conduite. La cour impériale a* CENSURÉ *deux de ses membres.* (Acad.)

DICTÉE SYNONYMIQUE.

L'HOMME QUI SE SCANDALISE MAL A PROPOS.

Saint Antoine jouait un jour avec ses *disciples*, dans le désert où ils s'étaient retirés ; un chasseur survint et le *surprit* dans sa récréation : il en parut scandalisé. Le saint s'en aperçut : « Bandez votre arc, dit-il au chasseur, et lancez un trait. » Il le fit. « Encore un, » reprit le saint. Le chasseur obéit. « Ne vous lassez point, » continua saint Antoine, en le priant de décocher une troisième flèche, puis une quatrième, une cinquième encore. Enfin le chasseur s'excusant sur ce que la corde de son arc s'était relâchée à force de tirer : « Il faut donc la laisser reposer, dit le saint. Eh bien ! il en est de même de nos esprits et de nos corps : ils ont besoin de repos pour leur faire supporter le travail, *il est nécessaire* de leur donner de temps en temps un peu de repos : c'est ce que vous nous voyez faire à présent, mes frères et moi. »

Le chasseur admira la *sagesse* du saint, et finit par applaudir à ce qui avait été d'abord pour lui un sujet de scandale. Belle leçon pour tous ceux qui se scandalisent trop aisément, et qui, par un excès de sévérité, *blâment* les actions même les plus innocentes !

XIV.

SYNONYMES.

FRANCHISE. — SINCÉRITÉ.

Qualité de ce qui est sans artifice, sans déguisement.

La FRANCHISE est constante, habituelle ; elle tient au caractère : *C'est un homme plein de* FRANCHISE. (Acad.)

La SINCÉRITÉ est accidentelle ou passagère; elle tient au cœur : *Je vous parle avec* SINCÉRITÉ. *Croyez à la sincérité de mes promesses.* (Acad.)

MODÈLE. — TYPE.

Ce d'après quoi quelque chose est fait.

Le MODÈLE (du latin *modus*, manière) est quelque chose qu'on imite : *Cette église est bâtie sur le* MODÈLE *du Panthéon. Homère et Virgile sont deux beaux* MODÈLES. (Acad.)

Le TYPE (du grec *tupos*, empreinte) est quelque chose dont on prend l'empreinte : *Le* TYPE *de cette médaille est une Piété, une Libéralité, une Victoire. etc.* (Acad.)

CAPTIF. — PRISONNIER.

Qui est privé de sa liberté.

Le CAPTIF est dans l'état d'un homme pris ; on ne le laisse pas aller : *Louis IX* CAPTIF *inspira de l'estime à ses vainqueurs.* (Acad.)

Le PRISONNIER est en prison, sous les verrous, en un mot tenu plus étroitement que le captif : *Il s'est rendu* PRISONNIER. *Plusieurs témoins chargent ce* PRISONNIER. (Acad.)

REMARQUE. Lorsque PRISONNIERS désigne des hommes pris en combattant, il ne garde pas sa signification rigoureuse et s'emploie pour CAPTIFS.

OUTRÉ. — INDIGNÉ.

Violemment affecté contre quelqu'un à cause de sa manière d'agir.

OUTRÉ, porté outre, poussé à bout, exprime un sentiment de douleur et de colère : *Il est* OUTRÉ *de vos injures.* (Acad.)

INDIGNÉ exprime un sentiment de mépris et de colère excité par une chose *indigne*, moralement blâmable : *Je suis* INDIGNÉ *que vous ayez manqué à votre ami.* (Acad.)

VICTOIRE. — TRIOMPHE.

La VICTOIRE est un avantage qu'on remporte à la guerre sur les ennemis, dans un combat, dans une bataille : *La* VICTOIRE *fut longtemps disputée et resta indécise.* (Acad.)

Le TRIOMPHE est une grande victoire, un glorieux avantage : *Les* TRIOMPHES *d'Alexandre ont éternisé sa mémoire.*

DICTÉE SYNONYMIQUE.

JEAN BART.

Brave jusqu'à la témérité, d'une *franchise* poussée jusqu'à la rudesse, Jean Bart, fils d'un pêcheur de Dunkerque, est devenu un *type* pour l'officier de marine. Ayant débuté de bonne heure dans la marine hollandaise, et plus tard s'étant fait capitaine de corsaire, il se signala par tant de traits d'audace que Louis XIV lui donna une commission pour croiser dans la Méditerranée, et quelques années après pour croiser dans la Manche. Forcé de s'arrêter à Bergen (Suède), port neutre, pour radouber son bâtiment et pour disposer des prises considérables qu'il avait faites, il se voit, un jour qu'il se promenait à terre, abordé par le capitaine d'un corsaire anglais, qui lui demande s'il n'est pas Jean Bart. — « Oui, répond-il. — Eh bien, reprend le capitaine, il y a longtemps que je désire vous rencontrer. Je veux avoir une affaire avec vous. — Soit ! s'écrie Jean Bart ; dès que mon navire sera réparé, nous irons nous battre en pleine mer ! » Sur le point de quitter Bergen, l'Anglais le presse d'accepter un déjeuner à bord. « Deux ennemis comme nous, répond Jean Bart, ne doivent plus se parler qu'à coups de canon. » L'Anglais insiste avec tant d'empressement et avec tant d'apparence de loyauté, que Jean Bart accepte enfin et se rend à son bord. Le déjeuner terminé, le capitaine anglais, au moment où son hôte, monté sur le pont, veut prendre congé de lui, déclare qu'ayant juré de le ramener mort ou vif à Plymouth, il le fait *prisonnier*. Jean Bart *indigné* se précipite vers un baril de poudre, saisit un mèche allumée qui se trouvait là par hasard, et menace de faire sauter le navire si on ne lui rend à l'instant sa liberté. L'équipage reste muet d'effroi ; les matelots français entendent de loin la voix de leur capitaine, ils accourent à sa défense, montent à l'abordage, se rendent maîtres du navire, le coulent bas et ramènent Jean Bart justement fier de sa *victoire*.

Après des exploits nombreux, Jean Bart mourut âgé de cinquante-deux ans, en 1702.

XV.

SYNONYMES.

LIBERTÉ. — FRANCHISE.

Jouissance de droits reconnus.

La LIBERTÉ est la jouissance pleine et entière de ses droits : *Le peuple français est jaloux de sa* LIBERTÉ.

La FRANCHISE consiste en certaines immunités, en certains priviléges : *L'Eglise, au moyen âge, jouissait de nombreuses* FRANCHISES. (Thomas.)

Au moral :

La LIBERTÉ fait parler avec hardiesse : *Il a toute la* LIBERTÉ *de langage d'un homme qui ne dépend de personne.* (Acad.)

La FRANCHISE fait dire ce qu'on pense : *Ce ton de* FRANCHISE *me gagna.* (Acad.)

ICI. — LA.

Ces mots expriment, l'un et l'autre, une idée de lieu.

ICI marque le lieu où se trouve la personne qui parle : *Venez* ICI. *Je voudrais bien qu'il fût* ICI. (Acad.)

LA désigne un lieu autre que celui où se trouve la personne qui parle : *Allez-vous-en* LA. *Je vous attendrai* LA. (Acad.)

A PRÉSENT. — MAINTENANT.

Le temps où nous sommes, l'opposé d'*autrefois*.

A PRÉSENT marque avec le passé un rapport d'opposition et de changement, la substitution d'un état à un autre : *S'il vous mentait alors,* A PRÉSENT *il dit vrai.* (Corneille.)

MAINTENANT (pendant qu'on *tient* les choses en *main*) exprime, au contraire, une suite ou une continuation : *L'orage gronde* MAINTENANT *plus fort que jamais.*

Vous chantiez ! j'en suis fort aise ;
Eh bien ! dansez MAINTENANT.
(La Fontaine.)

DÉISME. — THÉISME.

Croyance de l'existence de Dieu.

Le DÉISME est le système de ceux qui, rejetant toute révélation, croient seulement à l'existence de Dieu : *Être soupçonné de* DÉISME. (Acad.)

Le THÉISME est la croyance de l'existence de Dieu et d'un révélateur : *La résignation est fille du* THÉISME. (Boiste.)

ANTÉRIEUR. — PRÉCÉDENT.

Qui est avant.

ANTÉRIEUR désigne un temps déjà reculé : *L'événement dont je parle est* ANTÉRIEUR *de plus d'un an à celui dont vous parlez.* (Acad.)

ANTÉRIEUR se dit aussi par rapport au lieu : *La partie* ANTÉRIEURE *d'un vaisseau se nomme proue.*

ANTÉRIEUR a souvent un complément.

PRÉCÉDENT indique une priorité immédiate d'ordre ou de temps : *Cette clause était portée dans le bail* PRÉCÉDENT. *Vous trouverez cette citation à la page* PRÉCÉDENTE. (Acad.)

DICTÉE SYNONYMIQUE.

LE CHRISTIANISME.

Le christianisme, la dernière religion qui ait paru sur la terre, est aussi, et de beaucoup, la plus parfaite. Le christianisme est le complément de toutes les religions *antérieures*, le dernier résultat des mouvements religieux du monde; il en est la fin, et, avec le christianisme, toute religion est consommée. En effet, le christianisme, si peu étudié, si peu compris, n'est pas moins que le résumé des deux grands systèmes religieux qui ont régné tour à tour dans l'Orient et dans la Grèce. Il réunit en lui tout ce qu'il y a de vrai, de saint et de sage dans le *théisme* de l'Orient, dans l'héroïsme et le naturalisme mythologique de la Grèce et de Rome. La religion d'un Dieu fait homme est une religion qui, d'une part, élève l'âme vers le ciel, vers son principe absolu, vers un autre monde, et qui en même temps lui enseigne que son œuvre et ses devoirs sont en ce monde et sur cette terre. Le christianisme est une religion éminemment humaine, éminemment sociale; c'est de lui qu'est sortie la société moderne. Tournez les yeux en dehors et au-delà du christianisme : qu'ont produit depuis vingt siècles toutes les autres religions? La religion brahmanique, la religion musulmane et toutes les autres religions qui règnent encore *maintenant* sur la terre, que produisent-elles? *Ici*, une dégradation profonde; *là*, une tyrannie sans bornes. Au contraire, l'Europe chrétienne est le berceau de la *liberté*. C'est le christianisme qui, après avoir conservé le dépôt des arts, des lettres et des sciences, leur a donné une impulsion puissante. (V. Cousin.)

XVI.

SYNONYMES.

INGÉNUITÉ. — NAIVETÉ.

Simplicité naturelle dans l'expression des sentiments.

L'INGÉNUITÉ est une simplicité naturelle et gracieuse avec laquelle une chose est exprimée ou représentée : *Elle a une* INGÉNUITÉ *qui lui gagne tous les cœurs.*

La NAÏVETÉ est également une simplicité naturelle; mais c'est aussi un défaut de retenue dans l'expression de sentiments qu'on aurait intérêt à cacher : *Cet auteur exprime le sentiment avec beaucoup de* NAÏVETÉ. *Les jeunes personnes sont sujettes à dire des* NAÏVETÉS. (Acad.)

ADMETTRE. — RECEVOIR.

Donner accès ou entrée.

ADMETTRE implique l'idée d'un choix, d'une préférence : ADMETTRE *quelqu'un à sa table.* ADMETTRE *quelqu'un au nombre de ses amis.* (Acad.)	RECEVOIR exprime quelque chose de plus banal, de moins intime que *admettre : Ce ministre* REÇOIT *deux fois par semaine.* (Acad.)

A. — VERS.

Ces deux prépositions marquent l'une et l'autre le lieu.

A indique d'une manière précise le lieu où l'on tend : *Aller* A *Rome. Aller* A *l'église.* (Acad.)	VERS ne désigne qu'à peu près le lieu où l'on tend, et signifie *du côté de : Se diriger* VERS *l'Orient. Lever les mains* VERS *le ciel.* (Acad.)

DEMEURER. — RESTER.

Ne pas quitter le lieu où l'on est.

DEMEURER, c'est simplement ne pas s'en aller : *Il* DEMEURE *bien tard dehors.* (Acad.)	RESTER, c'est ne pas s'en aller quand les autres s'en vont : *La compagnie s'en alla et je* RESTAI. (Acad.)

DICTÉE SYNONYMIQUE.

LE DUC DE RISPERNON.

Le duc de Rispernon était sujet à mille et une distractions : les *naïvetés* qu'on lui a attribuées sont vraiment incroyables. A l'âge de dix-huit ans et demi, il écrivit à son père une lettre, et voici l'adresse qu'il y avait mise : « A monsieur mon père, mari de madame ma mère, demeurant chez nous. » Il sortait du collège des Jésuites; il demanda à ses parents où il avait fait ses études. Une autre fois, il pria un astronome de lui dire ce que devenaient les vieilles lunes, quand il y en avait de nouvelles. Se trouvant un jour avec des chasseurs qu'il avait *reçus* chez lui, et qui parlaient avec éloge de la meute du roi, il demanda si les chiens du monarque allaient à pied à la chasse. On vantait en sa présence l'admirable éloquence que Cicéron avait déployée contre Catilina : « Cette éloquence, que j'ai admirée comme vous, ne me surprend pas. Ce sont sans doute les Jésuites qui l'ont élevé. » Il alla de Toulon à Tours, où il devait épouser une très-riche héritière ; il avait mis sur ses tablettes en gros caractères : « Mémoire pour me faire souvenir que je dois me marier à Tours. » En parlant d'une tempête sur mer, il dit que le vaisseau qu'il montait avait pris le mors aux dents. Racontant un combat naval, il disait que plus de quatre-vingts galères étaient *restées* sur le carreau.

XVII.

SYNONYMES.

CHANGER. — MODIFIER.

Apporter un changement à une chose.

CHANGER, c'est remplacer une chose tout entière par une autre : *Il faudra* CHANGER *cet ameublement. Rien ne peut* CHANGER *les lois de la nature.* (Acad.)	MODIFIER, c'est apporter un changement partiel à une chose : *L'adverbe* MODIFIE *le verbe. La nature de l'homme est diversement* MODIFIÉE *par le climat, par l'éducation, par les lois de la nature.* (Acad.)

RÉTABLIR. — RESTAURER.

Remettre une chose en son premier état, ou en meilleur état.

RÉTABLIR une chose, c'est la remettre en son premier état : *Sa*	RESTAURER, c'est réparer, remettre en meilleur état, en vi-

maison *tombait en ruine, il l'a fait* RÉTABLIR. *Il a* RÉTABLI *ses forces. Il voulut* RÉTABLIR *le culte des idoles.* (Acad.)

gueur : RESTAURER *ses forces, sa santé, une statue, un bas-relief, un vieux tableau. Ce prince a* RESTAURÉ *l'État, les arts, les sciences, les lettres, le commerce.* (Acad.)

PUBLIER. — DIVULGUER.

Rendre public et notoire.

PUBLIER se prend en bonne part, et signifie donner de la publicité : *L'Évangile a été* PUBLIÉ *par toute la terre.* PUBLIER *un livre, un journal.* (Acad.)

DIVULGUER signifie rendre publique une chose qui devait être secrète : DIVULGUER *un secret.* (Acad.)

JURISTE. — JURISCONSULTE.

Qui s'occupe du droit, des lois.

Le JURISTE est celui qui écrit, qui a écrit sur les matières de droit : *C'est un savant* JURISTE. (Acad.)

Le JURISCONSULTE est celui qui fait profession de donner des consultations sur les questions de droit : *Tous les* JURISCONSULTES *sont de cet avis.* (Acad.)

DISPUTE. — DÉBAT.

DISPUTE (*diversim putare, penser diversement*) s'emploie dans tous les cas où plusieurs personnes soutiennent des opinions différentes sur un même sujet : *Les* DISPUTES *de l'école. Ils sont toujours en* DISPUTE. (Acad.)

Le DÉBAT est une dispute très-vive où l'on se bat en paroles : *Vider un* DÉBAT ; *apaiser un* DÉBAT. (Acad.)

DICTÉE SYNONYMIQUE.

DU QUATORZIÈME ET DU QUINZIÈME SIÈCLE.

C'est dans le cours du quatorzième siècle, que l'antiquité grecque et romaine a été pour ainsi dire *restaurée* en Europe. Vous savez avec quelle ardeur le

Dante, Pétrarque, Boccace, et tous les contemporains recherchaient les manuscrits grecs, latins, les *publiaient*, les répandaient, et quelle rumeur, quels transports excitait la moindre découverte en ce genre. C'est au milieu de ce mouvement qu'a commencé en Europe une école qui a joué, dans le développement de l'esprit humain, un bien plus grand rôle que celui qu'on lui attribue ordinairement, l'école classique ; gardez-vous d'attacher à ce mot le sens qu'on lui donne aujourd'hui ; il s'agissait alors de tout autre chose que d'un système et d'un *débat* littéraire. L'école classique de cette époque s'enflamma d'admiration, non-seulement pour les écrits des anciens, pour Virgile, pour Homère, mais pour la société ancienne tout entière, pour ses institutions, ses opinions, sa philosophie, comme pour sa littérature... Ainsi se formait cette école de libres penseurs qui apparaît dès le commencement du quinzième siècle, et dans laquelle se réunissent des prélats, des *jurisconsultes*, des érudits.

Au milieu de ce mouvement arrivent la prise de Constantinople par les Turcs, la chute de l'empire d'Orient, l'invasion des Grecs fugitifs en Italie. Ils y apportent une nouvelle connaissance de l'antiquité, de nombreux manuscrits, mille nouveaux moyens d'étudier l'ancienne civilisation... Ce sont des découvertes et des inventions en tout genre : la poudre à canon *change* le système de la guerre, la boussole *change* le système de la navigation. Enfin, l'imprimerie est inventée, l'imprimerie, texte de tant de déclamations, de tant de lieux communs, et dont aucun lieu commun, aucune déclamation n'épuiseront jamais le mérite et les effets. (GUIZOT.)

XVIII.

SYNONYMES.

TOIT. — TOITURE.

Partie supérieure des bâtiments, des maisons, qui sert à les couvrir et à les abriter.

La TOITURE est tout ce qui sert à couvrir une maison : *Les couvreurs et les charpentiers travaillent à la* TOITURE. (Acad.)

Le TOIT n'est qu'une partie de ce qui sert à couvrir une maison, celle qui est exposée à l'air et à l'eau : *Le couvreur travaille sur le* TOIT *de la maison.* (Acad.)

FACE. — FAÇADE.

Côté apparent d'un édifice.

FACE se dit d'un côté quelconque : *La* FACE *du côté du levant; les* FACES *latérales.* (Acad.) *Une des* FACES *du Louvre regarde l'église Saint-Germain-l'Auxerrois.*

LA FAÇADE est le côté où se trouve la principale entrée, celle qu'ont embellie l'architecture et la sculpture, et qui se distingue, par conséquent, de toutes les autres. De plus, FAÇADE ne se dit qu'en parlant d'un édifice considérable, comme une église, un palais, un château, etc.

RURAL. — RUSTIQUE.

Qui a rapport à la campagne.

RURAL ne marque qu'un rapport de lieu; il signifie simplement qui est aux champs ou qui concerne la campagne : des biens RURAUX sont des biens situés à la campagne et non à la ville; on dit les mœurs RURALES, par opposition aux mœurs de la ville; le code RURAL, pour désigner le recueil des lois qui concernent la campagne.

RUSTIQUE marque un rapport plus essentiel avec la nature des champs; il signifie qui appartient aux manières de vivre de la campagne, au caractère, aux occupations de ceux qui y vivent : *Travaux* RUSTIQUES; *air* RUSTIQUE; *danse* RUSTIQUE.

RUSTIQUE signifie aussi inculte, sauvage, sans art : *Ces bois, ces rochers ont un air* RUSTIQUE *qui ne déplaît pas.* (Acad.)

ASSEMBLER. — RASSEMBLER.

Mettre ensemble.

On ASSEMBLE des choses peu éloignées ou semblables entre elles : *L'éloquence consiste à persuader des hommes* ASSEMBLÉS. ASSEMBLER *des pièces de* charpente.

On RASSEMBLE des choses éloignées, disséminées ou dissemblables : *C'est la poésie qui* A RASSEMBLÉ *les hommes des forêts où ils étaient épars et errants. Le cœur humain* RASSEMBLE *les passions, les sentiments les plus contraires.* (Acad.)

IDÉE. — PENSÉE.

Opération de l'intelligence humaine.

PENSÉE dit plus que IDÉE.

L'IDÉE est la représentation d'une personne ou d'une chose dans l'esprit : *César, livre, table, leçon, douceur, bonté.*

Les mots sont, comme on le voit, les signes de nos IDÉES.

La PENSÉE (du latin *pensare,* peser) est la comparaison de deux idées : *Table ronde, longue leçon, gros livre.*

On sait que le résultat d'une pensée se nomme *jugement,* et que l'énonciation d'un jugement prend le nom de *proposition.*

DICTÉE SYNONYMIQUE.

LE TEMPLE NATUREL.

Dans le département de la Haute-Loire, à quelques kilomètres de Brioude, se voient des constructions bizarres que l'on est tenté de prendre pour des ouvrages qu'auraient imaginés et exécutés les hommes; mais la nature seule les a produits. On aperçoit d'abord une tour ronde, couverte d'un cône qui semble en être le *toit.* Ensuite se présente une *façade* avec un fronton magnifique, et un péristyle qui s'enfonce à perte de vue dans l'intérieur d'une espèce d'édifice, et qu'ornent un grand nombre de colonnes. La *façade* peut avoir quatre-vingts mètres de large sur quarante de haut. Les colonnes du péristyle sont plus rapprochées dans le fond qu'à l'entrée. On s'attend à voir une belle salle à la suite d'un si beau vestibule : mais on ne trouve qu'une grotte tout obscure et toute *rustique*. Il semble que ce soit un de ces lieux dérobés aux profanes où *s'assemblaient*, dans l'antiquité, ceux qui étaient initiés dans les mystères. Le reste de l'édifice ne consiste qu'en quelques pans de murs presque tombants ; mais on remarque encore un objet très-curieux ; c'est un bateau énorme et dressé presque perpendiculairement sur une de ses pointes ; il est en pierre ; mais tout en est si bien imité, qu'on ne peut se familiariser avec *la pensée* que c'est l'ouvrage de la nature. Un courant de lave qui, du cratère d'un mont voisin, est descendu en cet endroit, a formé ces ouvrages, quelque merveilleux qu'ils paraissent.

XIX.

SYNONYMES.

DIAPHANE. — TRANSPARENT.

Qui n'est pas opaque.

Un corps DIAPHANE est celui à travers lequel la lumière brille : *L'eau, de sa nature, est* DIAPHANE. *L'air est plus* DIAPHANE *que l'eau. Le cristal est* DIAPHANE. (Acad.)

Un corps TRANSPARENT est celui à travers lequel les objets paraissent : *Le ruisseau pur, clair et limpide, qui laisse voir le sable sur lequel il roule, est* TRANSPARENT.

Ainsi :

DIAPHANE dit moins que TRANSPARENT ; DIAPHANE est d'ailleurs un terme de physique quelquefois employé par la poésie ; TRANSPARENT est le terme vulgaire et généralement employé. (Roubaud.)

LUXE. — MAGNIFICENCE.

Manière d'être opposée à la simplicité.

Le LUXE est un excès de dépense dans le vêtement, la table, l'ameublement, etc. : *Une femme, quelques grands biens qu'elle apporte dans une maison, la ruine bientôt si elle y introduit le LUXE.*

La MAGNIFICENCE est une manière d'être noble, généreuse, belle : *Rien n'égalait la MAGNIFICENCE du temple de Salomon. La nature étale ici toute sa MAGNIFICENCE.* (Acad.)

VÊTU. — REVÊTU.

Celui dont le corps est couvert de vêtements.

On est VÊTU de ce qu'on porte d'ordinaire pour le besoin et la commodité : *Vous voilà bien VÊTU pour votre hiver.* (Acad.)

On est REVÊTU de ce qu'on porte par-dessus le vêtement, comme un insigne, une marque d'honneur ou de dignité : *Le roi était REVÊTU des habits royaux. Deux aumôniers REVÊTIRENT ce prélat de ses habits pontificaux.* (Acad.)

APPARENCE. — AIR.

Ce qui paraît au dehors.

L'APPARENCE est plus incertaine, elle suppose qu'on voit les choses de plus loin, et, par conséquent, avec plus de chance d'illusion : *Une APPARENCE de courage annonce un poltron.*

AIR exprime quelque chose de plus certain, de moins illusoire : *Un AIR de courage inspire de la confiance.*

CHARMANT. — ENCHANTEUR.

Qui cause beaucoup de plaisir.

CHARMANT se prend toujours en bonne part, et veut dire agréable, qui plaît extrêmement : *Cette maison est CHARMANTE. C'est un homme CHARMANT en société.* (Acad.)

ENCHANTEUR se prend tantôt en bonne, tantôt en mauvaise part. En bonne part, il signifie une personne ou une chose qui sait charmer, séduire : *Un style ENCHANTEUR. Ce poëte est un ENCHANTEUR.*

En mauvaise part, il se dit d'une personne qui cherche à tromper par un beau langage, par des artifices : *Défiez-vous de lui, c'est un ENCHANTEUR.* (Acad.)

DICTÉE SYNONYMIQUE.

PREMIER DÉBARQUEMENT DE CHRISTOPHE COLOMB DANS LE NOUVEAU MONDE.

Ce fut un vendredi matin, le douze octobre 1492, que Colomb contempla pour la première fois le Nouveau Monde. Lorsque le jour se leva, il vit une île plate d'un aspect *enchanteur*, ayant plusieurs lieues d'étendue, et couverte d'arbres qui lui donnaient l'*apparence* d'un verger perpétuel. Quoiqu'elle n'offrît de toutes parts que les beautés sauvages d'une nature inculte, l'île était évidemment peuplée, et l'on vit bientôt les habitants sortir des bois et accourir de tous côtés sur les vaisseaux. Ils étaient nus, et, à en juger par leurs gestes et leurs attitudes, ils semblaient plongés dans l'étonnement. Colomb donna le signal de jeter l'ancre, de mettre en mer les chaloupes et de les armer. Il entra dans la sienne, *revêtu* d'un riche costume écarlate, et portant l'étendard royal.

En approchant de la côte, ils furent frappés d'admiration à la vue des vastes forêts qui, dans ces contrées, ont un *luxe* de végétation extraordinaire. Ils virent des fruits superbes, mais d'une espèce inconnue, suspendus aux arbres qui couvraient le rivage. La douceur et la pureté de l'atmosphère, le cristal *diaphane* des eaux qui baignent ces îles, ajoutent encore à leur beauté. A peine Colomb eut-il mis le pied sur le rivage, qu'il se jeta à genoux, baisa la terre et rendit grâce à Dieu en versant des larmes de joie. Son exemple fut suivi par ses compagnons. Tirant ensuite son épée, il déploya l'étendard royal, prit solennellement possession de l'île au nom du roi et de la reine de Castille, et lui donna le nom de San-Salvador.

XX.

SYNONYMES.

ÉPANDRE. — RÉPANDRE.

Laisser tomber, jeter çà et là, en plusieurs endroits.

On ÉPAND en éparpillant doucement ; ce verbe est d'un usage très-borné, et se dit principalement d'un fleuve dont les eaux se déploient paisiblement sur un espace plus ou moins étendu.

RÉPANDRE enchérit sur *épandre;* on répand en jetant de tous les côtés avec force ou de haut : *Il* A *bien* RÉPANDU *de l'argent pour gagner les suffrages.*

PLIER. — PLOYER.

Mettre par plis ou en arc.

PLIER, c'est mettre par plis : PLIER *une serviette.*

Au figuré, comme au propre, PLIER dit plus que PLOYER ; il suffit de fléchir, de faillir, de mollir pour PLOYER ; on PLIE quand on ne sait plus que céder, obéir, succomber.

PLOYER, c'est mettre en forme d'arc, c'est rapprocher les deux bouts : PLOYER *une branche d'arbre.* (Acad.) *En marchant, vous* PLOYEZ *le genou.* (Acad.)

ÉLOIGNER. — ÉCARTER.

Mettre à une certaine distance.

Il y a la même différence entre ÉCARTER et ÉLOIGNER qu'entre METTRE A L'ÉCART et METTRE AU LOIN ; or, ce qu'on met à l'écart est à une moindre distance que ce qu'on met au loin ; ÉLOIGNER est, par conséquent, plus fort que ÉCARTER.

CONSOMMER. — CONSUMER.

Ces deux mots sont synonymes, lorsqu'ils comprennent dans leur signification l'idée de *destruction, d'anéantissement.*

CONSOMMER se dit en parlant des choses qui se détruisent par l'usage, comme le vin, la viande, le bois et toutes sortes de provisions : *Si vous entendez que je reste dans votre maison jusqu'à ce que la muscade et la cannelle soient* CONSOMMÉES, *je n'en démarrerai pas d'un bon siècle.* (J.-J Rousseau.)

CONSUMER signifie user, détruire, réduire à rien ; il se dit proprement du feu, et, par analogie, du temps, du mal : *Le feu* CONSUMA *tout l'édifice. Le temps* CONSUME *toutes choses. Cette maladie le* CONSUMA. (Acad.)

VOLER. — DÉROBER.

Prendre à une personne ce qui lui appartient pour se l'approprier.

VOLER, c'est s'emparer du bien d'autrui d'une manière quelconque ; c'est faire une action criminelle.

DÉROBER, c'est s'emparer furtivement du bien d'autrui ; *dérober* marque quelque chose de moins grave que *voler.*

DICTEE SYNONYMIQUE.

LE FEU.

Voyez-vous ce feu qui paraît allumé dans les astres, et qui *répand* la lumière ? Voyez-vous cette flamme que certaines montagnes vomissent, et que la terre nourrit de soufre dans ses entrailles ? Ce même feu demeure paisiblement caché dans les veines des cailloux et il y attend à éclater que le choc d'un autre corps l'excite, pour ébranler les villes et les montagnes. L'homme a su l'allumer et l'attacher à tous ses usages, pour *plier* les plus durs métaux, et pour nourrir, avec du bois, jusque dans les climats les plus glacés, une flamme qui lui tienne lieu du soleil quand le soleil *s'éloigne* de lui. Cette flamme se glisse subtilement dans toutes les semences ; elle est comme l'âme de tout ce qui vit ; elle *consume* tout ce qui est impur, et renouvelle ce qu'elle a purifié. Le feu prête sa force aux hommes ; il enlève tout à coup les édifices et les rochers. Mais veut-on le borner à un usage plus modéré, il réchauffe l'homme, et il cuit ses aliments. Les anciens, admirant le feu, ont cru que c'était un trésor que l'homme avait *dérobé* aux cieux.

XXI.

SYNONYMES.

DEGRÉ. — MARCHE.

Parties d'un escalier.

DEGRÉ éveille l'idée d'élévation, de montée et de descente : *On monte les* DEGRÉS.	MARCHE fait concevoir un endroit où l'on pose le pied, un plain-pied, une plate-forme : *On se tient, on s'assied sur les* MARCHES.

VOIR. — APERCEVOIR.

Saisir les objets par l'organe de la vue.

VOIR, étant un verbe simple, n'ajoute à cette idée aucun accessoire particulier.	APERCEVOIR (*ad per capere*, commencer à saisir à travers) étant un verbe composé, marque proprement un commencement de connaissance, une connaissance imparfaite, obtenue avec peine, malgré les obstacles, l'éloignement ou la petitesse.

Ainsi :

On VOIT dans un visage la régularité des traits et l'on y APERÇOIT les mouvements de l'âme.

DÉCOMBRES. — RUINES.

Restes d'un édifice détruit.

Les DÉCOMBRES sont un amas de matériaux inutiles qui restent sur le terrain après la démolition de l'édifice.

DÉCOMBRES ne se dit jamais qu'au propre.

Les RUINES d'un édifice présentent encore des pans de murs et renferment des matériaux qui peuvent servir.

RUINES se dit souvent au fig. ; dans ce cas, il s'emploie plus souvent au singulier qu'au pluriel : *La* RUINE *de l'État, du commerce, d'un particulier.*

MUR. — MURAILLE.

Constructions en pierres, en moellons, en briques, élevées sur des fondements.

MUR (de *meiresthai,* partager ou de *moiran,* arrêter) exprime une idée de ceinture : *Le* MUR *d'enceinte, le* MUR *d'octroi.*

MURAILLE, à cause de sa désinence collective, exprime une idée de défense : *La* MURAILLE *de la Chine.*

N. B. Si l'on disait le mur de la Chine, il semblerait qu'on voudrait parler d'un mur qui enferme la Chine, comme on parlerait du tour d'une ville, et l'on ne saurait pas ce que cela voudrait dire. (Condillac.)

CITÉ. — VILLE.

Assemblage d'un grand nombre de maisons dans une même enceinte.

La VILLE se considère sous le point de vue physique. *Les maisons font la* VILLE.

La CITÉ se considère sous le point de vue politique. *Les citoyens font la* CITÉ.

REMARQUE. En poésie et dans le style soutenu, on emploie quelquefois le mot CITÉ pour le mot VILLE.

DICTÉE SYNONYMIQUE.

UNE PROMENADE AU COLISÉE.

Dans une belle soirée de juillet dernier, j'étais allé m'asseoir au Colisée, non loin d'un vieux pan de *mur*, sur la *marche* d'un des autels consacrés aux douleurs de la Passion. Le soleil, qui se couchait, versait des fleuves d'or par toutes ces galeries où roulait jadis le torrent des peuples ; de fortes ombres sortaient en même temps de l'enfoncement des loges et des corridors, ou tombaient sur la terre, en larges bandes noires. Du haut des massifs de l'architecture, *j'apercevais* entre les *ruines*, du côté droit de l'édifice, le jardin du palais des Césars, avec un palmier qui semble être placé là tout exprès pour les peintres et les poëtes. Au lieu des cris de joie, que des spectateurs féroces poussaient jadis dans cet amphithéâtre en voyant déchirer des chrétiens par des lions, on n'entendait que les aboiements des chiens de l'ermite qui garde ces *ruines.* Mais aussitôt que le soleil disparut à l'horizon, la cloche du dôme de Saint-Pierre retentit sous les portiques du Colisée. Cette correspondance établie par des sons religieux entre les deux plus grands monuments de Rome païenne et de Rome chrétienne me causa une vive émotion ; je songeai que les monuments se succèdent comme les hommes qui les ont élevés ; je rappelai dans ma mémoire que ces mêmes Juifs qui, dans leurs premières captivités, travaillèrent aux pyramides de l'Egypte et aux *murailles* de Babylone, avaient, dans leur dernière dispersion, bâti cet amphithéâtre. Les voûtes, qui répétaient les sons de la cloche chrétienne, étaient l'ouvrage d'un empereur païen marqué dans les prophéties pour la destruction totale de Jérusalem. Sont-ce là d'assez hauts sujets de méditation, et croyez-vous qu'une *ville* où de pareils effets se reproduisent soit digne d'être vue ?

XXII.

SYNONYMES.

COUTUME. — HABITUDE.

Ce qui se fait d'ordinaire ou souvent.

On dit l'HABITUDE d'une personne : L'HABITUDE *est une seconde nature.*

On dit la COUTUME, en parlant d'un peuple : *Avec beaucoup d'indépendance, on résiste à la* COUTUME. (Voltaire.)

RÉGLÉ. — RÉGULIER.

Qui a lieu selon une règle ou un certain ordre.

RÉGLÉ, participe passé du verbe *régler,* veut dire assujetti à une règle : *Une vie* RÉGLÉE *est une condition de santé.*

RÉGULIER signifie conforme aux règles : *Une vie* RÉGULIÈRE *est moralement irrépréhensible.*

PIÉTÉ. — DÉVOTION.

Disposition convenable d'une âme envers Dieu.

La PIÉTÉ est dans le cœur ; c'est le vif amour de tous les devoirs que prescrit la religion, c'est le bonheur trouvé dans leur parfait accomplissement : *C'est un homme qui a beaucoup de* PIÉTÉ. (Acad.)

La DÉVOTION est le dévouement à Dieu ; c'est la manifestation de la piété par l'exercice de la charité, et la pratique des devoirs extérieurs de la religion : *Faire quelque chose par* DÉVOTION. (Acad.)

JOUR. — JOURNÉE.

Temps que la terre met à tourner sur elle-même.

Le JOUR est un point dans la durée ; or ,comme on considère le point sans étendue, on envisage le jour sans faire attention à sa durée : *Quand le* JOUR *fut venu.* (Acad.)

La JOURNÉE est la succession des moments qui s'écoulent depuis le matin jusqu'au soir : *La* JOURNÉE *de travail est ordinairement de douze heures. Il a passé la* JOURNÉE *tristement.* (Acad.)

ÉPANCHEMENT. — EFFUSION.

Transport de cœur, de joie, de tendresse, de douleur, de sensibilité, etc.

ÉPANCHEMENT (du verbe *épancher*, verser en *penchant* le vase, doucement, goutte à goutte) suppose des sentiments doux qui découlent, pour ainsi dire, avec calme et sans secousse : *L'amitié a de doux* ÉPANCHEMENTS. (Acad.)

EFFUSION (de *effundere*, répandre) suppose des passions violentes qui éclatent, qui font explosion : *Angélique ne mit plus de réserve à l'*EFFUSION *de sa douleur.* (Marmontel.)

DICTÉE SYNONYMIQUE.

UNE HABITUDE DE MA MÈRE.

Ma mère avait l'*habitude*, prise de bonne heure dans l'éducation un peu romaine qu'elle avait reçue, de mettre un intervalle de recueillement entre le jour et le sommeil, comme les sages cherchent à en mettre entre la vie et la mort. Quand tout le monde était couché dans sa maison, que ses enfants s'étaient laissés aller au sommeil dans leurs petits lits autour du sien, qu'on n'entendait plus que le souffle *régulier* de leurs respirations dans la chambre, le bruit du vent contre les volets, les aboiements du chien dans la cour, elle ouvrait doucement la porte d'un cabinet

rempli de livres d'éducation, de *dévotion*, d'histoire ;
elle s'asseyait devant un bureau de bois de rose in-
crusté d'ivoire et de nacre, dont les compartiments
dessinaient des bouquets de fleurs d'oranger ; elle tirait
d'un tiroir des cahiers reliés en carton gris comme
des livres de comptes. Elle écrivait sur ces feuilles
pendant une ou deux heures sans relever une fois la
tête et sans que la plume se suspendît une seule fois
sur le papier pour attendre la chute du mot à sa place.
C'était l'histoire domestique de la *journée*, les annales
de l'heure, le souvenir fugitif des choses et des impressions, saisi au vol et arrêté dans sa course avant
que la nuit l'eût fait envoler, les dates heureuses ou
tristes, les événements intérieurs, la chute du sable
du temps fixé sur la clepsydre, les *épanchements* d'in-
quiétude et de mélancolie, les élans de reconnaissance
et de joie, les prières toutes chaudes jaillies du cœur
à Dieu, toutes les notes sensibles d'une nature qui vit,
qui aime, qui jouit, qui souffre, qui bénit, qui in-
voque, qui adore, une âme écrite enfin !...

XXIII.

SYNONYMES.

GLISSER. — ROULER.

Exécuter un mouvement de translation successif et continu.

GLISSER, c'est se mouvoir en conservant la même surface appliquée au corps sur lequel on se meut : *Les enfants s'amusent a* GLISSER *sur le pavé.* (Acad.)	ROULER, c'est se mouvoir comme une petite roue, en tournant sur soi-même : *Cette voiture* ROULE *bien.* (Acad.)

OBSTACLE. — EMPÊCHEMENT.

L'OBSTACLE (*ob*, devant; et *stare*, se tenir debout) est devant vous, il vous arrête; il a quelque chose de grand, d'élevé; aussi, pour avancer, il faut le surmonter, l'aplanir.

L'EMPÊCHEMENT (*pes*, pied; et *en*, dans) embarrasse, entortille, gêne les pieds; il est çà et là devant vous, il vous retient; pour aller librement, il faut le lever, l'ôter.

ATTRIBUER. — IMPUTER.

Rapporter une chose à une autre ou à quelqu'un qu'on regarde comme en étant la cause.

ATTRIBUER, donner à, est le terme général et se prend en bonne aussi bien qu'en mauvaise part : *On lui* ATTRIBUE *ce livre, mais il n'en est pas l'auteur. On* ATTRIBUE *les aurores boréales à l'électricité. Ne lui* ATTRIBUEZ *point la faute.* (Acad.)

IMPUTER, mettre sur le compte de, est le terme particulier, et se dit plutôt des choses mauvaises et blâmables : *On lui* IMPUTE *d'avoir voulu corrompre des témoins.* (Acad.)

SOUVENT. — FRÉQUEMMENT.

Bien des fois.

FRÉQUEMMENT dit plus que SOUVENT; ainsi, dans l'état naturel, le pouls bat SOUVENT en une minute; mais si, par accident, les pulsations deviennent plus pressées, plus rapides, plus multipliées, il bat FRÉQUEMMENT.

ÉTOUFFER. — SUFFOQUER.

Faire perdre la respiration.

ÉTOUFFER, c'est empêcher le jeu des poumons : *Cette nourrice en dormant* A ÉTOUFFÉ *son enfant.* (Acad.)

SUFFOQUER, c'est boucher le canal de la respiration : *Une esquinancie l'*A SUFFOQUÉ. (Acad.)

Ainsi :

Ce qui nous ÉTOUFFE, ce qui nous enlève l'air est placé au dehors de nous; ce qui nous SUFFOQUE provient de quelque chose d'intérieur, d'une maladie du corps ou d'une passion de l'âme.

DICTÉE SYNONYMIQUE.

LES AVALANCHES.

On *nomme* avalanches ces masses de neige qui, à certaines époques de l'année, *roulent* du sommet des hautes montagnes et, se grossissant sans cesse, acquièrent une vitesse et un volume tels, qu'elles entraînent tous les *obstacles*, quelque puissants qu'ils soient, qui se trouvent sur leur passage. Pendant l'hiver, c'est par les vents qu'est déterminée la formation des avalanches; au printemps, c'est à la fonte des neiges que doit en être *attribuée* la cause; c'est à cette époque aussi qu'elles occasionnent ces désastres que vous avez entendu raconter. Au retour de la belle saison, la moindre agitation de l'air peut provoquer la chute de ces énormes masses. Quelquefois, au contraire, pour prévenir le danger, on en hâte la chute par la décharge d'armes à feu, et l'on peut ensuite passer sans aucune crainte après que l'avalanche s'est précipitée dans la vallée. Dans les Alpes, on recommande *souvent* aux voyageurs de ne pas regarder longtemps les avalanches, lors même que leur direction ne paraît pas dangereuse, parce qu'elles causent une si grande agitation dans l'air, un vent si violent, qu'il arrive souvent que les hommes, les animaux même en sont *étouffés*. Comme ces énormes masses causent, dans les montagnes et dans les vallons, un tremblement accompagné d'un bruit égal à celui du tonnerre, il est rare que le voyageur, averti du danger qui le menace, n'ait pas le temps de s'y soustraire par la fuite.

XXIV.

SYNONYMES.

TEMPLE. — ÉGLISE.

Edifices publics destinés à l'exercice du culte.

TEMPLE désigne les édifices religieux anciens et modernes autres que ceux des Catholiques. Ce mot ne s'emploie pour ÉGLISE que dans le style élevé. TEMPLE se dit souvent au figuré.

ÉGLISE désigne l'édifice où les Catholiques s'assemblent pour prier. ÉGLISE ne s'emploie qu'au propre.

CIRCONFÉRENCE. — TOUR.

Ce qui embrasse un objet.

CIRCONFÉRENCE regarde proprement les figures circulaires : *La* CIRCONFÉRENCE *d'un cercle, d'un globe.*

TOUR se dit indifféremment de toutes sortes d'objets : *Le* TOUR *du doigt, d'une île, du monde.*

COMPTER. — CALCULER.

Travailler pour arriver à connaître un nombre.

COMPTER est le mot vulgaire : *On* COMPTE *la recette et la dépense.*

CALCULER est le terme savant : CALCULER *une éclipse;* CALCULER *la distance de la terre au soleil.*

TEL. — SEMBLABLE. — PAREIL.

Termes de comparaison.

Un objet TEL qu'un autre n'en diffère point ; un objet SEMBLABLE à un autre s'y rapporte ; un objet PAREIL à un autre le vaut, ne le lui cède point : *Achille* TEL *qu'un lion. est tout à fait comme un lion, on le prendrait pour un lion. et*

on pourrait dire de lui : Ce lion s'élance; SEMBLABLE *à un lion, il a l'air d'un lion, il en imite la furie, sa vue rappelle l'idée du lion;* PAREIL *à un lion, il est animé comme un lion, il a le même degré de fureur.*

S'ÉBOULER. — S'ÉCROULER.

Tomber en s'affaissant.

S'ÉBOULER, c'est, à la lettre, tomber en roulant comme une boule : *Les sables* S'ÉBOULENT.

S'ÉCROULER, c'est tomber avec précipitation et fracas : *Les édifices* S'ÉCROULENT.

SANGLANT. — ENSANGLANTÉ.

Taché, souillé de sang.

Ce qui est SANGLANT fait l'action de saigner : *Viande, plaie, blessure* SANGLANTE.

ENSANGLANTÉ signifie qui a été couvert, arrosé, rempli de sang : *Antoine montre au peuple la robe* ENSANGLANTÉE *de César.*

DICTÉE SYNONYMIQUE.

LE CHÊNE D'ALLOUVILLE.

Le chêne d'Allouville passe, avec raison, pour le doyen des chênes de Normandie; il a été planté, à quelques mètres de l'*église*, dans le cimetière de la commune d'Allouville, près d'Yvetot, et depuis deux siècles et demi environ, la cime de cet arbre a été disposée en une chapelle dédiée à Notre-Dame de la Paix. Sa *circonférence* était, en mil huit cent quarante-trois, de huit mètres quatre-vingts centimètres. Un savant naturaliste a *calculé* que ce chêne a plus de huit cents ans. C'est donc vers l'an mille que le gland qui a produit cet arbre gigantesque a été confié à la terre. Il est presque impossible de *calculer* la masse de carbone enlevée à l'atmosphère par les feuilles innombrables de cet arbre, et l'épaisseur de la couche de terreau qui aurait pu s'accumuler par la chute annuelle de ses feuilles, de ses jeunes branches et de son bois mort. Un *tel* arbre est un monde sur lequel des milliers d'insectes passent doucement leur vie au milieu de l'abondance, un monde que visitent des légions d'oiseaux et d'insectes voyageurs. Combien de générations se sont succédé depuis la naissance de cet arbre; combien d'édifices se sont *écroulés*, anéantis, et le géant a bravé les siècles! il a vu des nations et des empires passer comme des ombres souvent *ensanglantées*, et lui est resté seul témoin de ces événements. Ils ont passé sans altérer sa vie; il est resté pour donner au printemps son feuillage et ses fleurs, pour offrir aux oiseaux l'hospitalité de sa couronne.

XXV.

SYNONYMES,

FICTION. — FABLE.

Invention fabuleuse.

La FICTION a pour objet de plaire.

La FABLE a pour objet d'instruire; aussi renferme-t-elle toujours une moralité.

DISSOUDRE. — RÉSOUDRE.

Faire cesser l'union entre les parties d'un tout.

DISSOUDRE, délier en jetant les parties çà et là, n'a rapport qu'à la destruction de l'union : *L'eau* DISSOUT *le sucre. Le roi* DISSOUT *le parlement. Aux yeux de l'Eglise, la mort seule peut* DISSOUDRE *le mariage.*

RÉSOUDRE, c'est faire passer d'un état à un autre : *La glace se* RÉSOUT *en eau. L'air sur les fleurs en perles se* RÉSOUT. *Quand on* RÉSOUT *un problème, on dénoue les liens qui retenaient une vérité.* (Lafaye.)

VITE. — PROMPTEMENT.

En peu de temps.

VITE exprime le mouvement et se dit surtout des choses inanimées : *Le temps passe* VITE.

PROMPTEMENT désigne la manière dont un homme prompt s'acquitte d'une chose : *Je suis revenue* PROMPTEMENT *afin d'être avec vous.*

A PEINE. — AVEC PEINE.

Expression de temps, de manière.

A PEINE (en latin *vix*) signifie presque pas : *Cela est* A PEINE *indiqué,* A PEINE *esquissé.* A PEINE *le soleil est-il levé.* (Acad.

AVEC PEINE (en latin *ægrè*) signifie avec fatigue, douleur, souffrance : *Marcher* AVEC PEINE. *Il n'a ouvert cette porte qu'*AVEC PEINE.

TRAINER. — ENTRAINER.

Tirer avec ou après soi.

TRAINER marque l'action simple : *Les chevaux* TRAINENT *une voiture.* TRAINER *un homme en prison.*

ENTRAINER signifie emmener, conduire avec violence : *Les torrents* ENTRAINENT *ce qui s'oppose à leur passage. Nos passions nous* ENTRAINENT. (Acad.)

- - - - - -

DICTÉE SYNONYMIQUE.

LE GAVE DE PAU.

Le gave de Pau naît dans les glaciers du Mont-Perdu, ce haut sommet des Pyrénées où l'Arioste a placé la scène de ses charmantes *fictions;* il se fraye ensuite un passage au travers de rocs, vainc tous les obstacles qu'il rencontre, et se partage bientôt en plusieurs cascades. La plus belle est celle de gauche; elle tombe d'une hauteur beaucoup plus considérable que je ne me l'étais figuré avant de la voir, et si loin du roc qu'elle ressemble à une longue pièce de gaze d'argent, ou à un nuage délié qui glisse dans les airs : elle en a l'ondulation, l'éclat et la légèreté. L'eau, qui se *résout* en brume et que frappent les rayons du soleil, forme une multitude d'arcs-en-ciel qui se multiplient et disparaissent après s'être enlacés de mille manières différentes; elle répand en tombant une rosée extrêmement fine. L'air d'alentour est si froid, que les voyageurs qu'a attirés un si curieux spectacle, grelottent bientôt et sont obligés de se couvrir *promptement*. L'élévation de cette cascade est de plus de quatre cents mètres : c'est la plus haute cataracte de l'Europe. On voit ensuite fuir, sous des voûtes de neige et de glace, ce gave qui, d'abord faible ruisseau, murmure *à peine*, tout à coup se grossit, prend une couleur bleu foncé, s'élance des rochers, *entraîne* en grondant les débris des bois et des monts, et menace d'inonder la contrée.

XXVI.

SYNONYMES.

CERVELLE. — CERVEAU.

Substance molle contenue dans la cavité du crâne.

CERVELLE se dit plutôt de cette substance considérée comme matière inerte; on dit un morceau de CERVELLE; on mange de la CERVELLE de mouton.

Au fig., CERVELLE désigne une substance qu'il faut avoir en certaine quantité pour penser : *C'est une tête sans* CERVELLE. (Acad.)

CERVEAU se dit de cette même substance considérée comme un des principaux organes de la vie : *Le* CERVEAU *est regardé par les physiologistes comme l'organe de la pensée.* (Acad.)

Au fig., CERVEAU exprime un organe, un instrument susceptible de se déranger : *Il n'a jamais pu rien tirer de son* CERVEAU. (Acad.)

LIVRE. — VOLUME.

Assemblage de feuilles de papier imprimées ou écrites à la main.

LIVRE a rapport au contenu : *La lecture des mauvais* LIVRES *gâte le cœur. Cet auteur a composé un excellent* LIVRE.

VOLUME a rapport à la masse : *Il ne faut pas juger de la science d'un auteur par la grosseur du* VOLUME.

S'ENFONCER. — SE RENFONCER.

Se mettre dans le fond.

S'ENFONCER, c'est simplement faire l'action que ce verbe exprime : S'ENFONCER *un poignard dans le sein.* (Acad.)

SE RENFONCER, c'est faire une seconde fois l'action que ce verbe exprime, c'est la faire de nouveau : SE RENFONCER *dans son fauteuil.*

SOUDAIN. — SOUDAINEMENT.

D'une manière soudaine, instantanée.

SOUDAIN marque plus de promptitude et de vivacité que SOUDAINEMENT, et se dit surtout en poésie et dans le style soutenu : *Il reçut l'ordre, et* SOUDAIN *il partit.* (Acad.) SOUDAIN *l'éclair brille,* *le tonnerre gronde. Il mourut* SOUDAINEMENT. (Acad.)

D'un autre côté, on dit : plus, moins, aussi SOUDAINEMENT ; mais on ne dit pas : plus, moins, aussi SOUDAIN.

BOUE. — FANGE.

Mélange de terre et d'eau.

La BOUE est une terre détrempée : *Les rues de Paris étaient autrefois pleines de* BOUE.

La FANGE est une terre détrempée au point d'être presque liquide ; c'est une sorte de fumier qui infecte : *Il est tombé dans la* FANGE. (Acad.)

Au figuré :

FANGE renchérit naturellement sur BOUE : *Traîner dans la* FANGE dit plus que *traîner dans la* BOUE.

DICTÉE SYNONYMIQUE.

LE CERVEAU

La substance du *cerveau* où se trouvent les représentations des objets qui nous ont frappés depuis le moment qui nous a vus naître, n'est-elle pas le prodige le plus étonnant? On admire avec raison l'invention des livres, où se trouve conservé le recueil de tant de pensées et la mémoire de tant de faits; mais quelle comparaison peut être établie entre le plus beau *livre* et le *cerveau* d'un savant? Assurément, le *cerveau* est un recueil infiniment plus précieux et d'une plus belle invention que le livre. C'est dans ce petit réservoir que se trouvent à point nommé toutes les images dont on a besoin; les appelle-t-on : elles viennent; les renvoie-t-on : elles *se renfoncent* je ne sais où, et disparaissent pour laisser la place à d'autres. On ferme et on ouvre son imagination comme un livre; on en tourne pour ainsi dire les feuillets; on passe *soudainement* d'un bout à l'autre ; on a même des espèces de tables dans la mémoire, pour indiquer les lieux où se trouvent certaines images reculées. Ces caractères innombrables que l'esprit de l'homme lit intérieurement avec une rapidité inouïe, ne laissent aucune trace distincte dans un *cerveau* qu'on ouvre. Cet admirable livre n'est qu'une substance molle, ou une espèce de peloton composé de fils tendres entrelacés. Quelle main a su cacher dans cette espèce de *boue*, qui paraît si informe, des images si précieuses? Qui les a rangées en un si bel ordre?

XXVII.

SYNONYMES.

LANGAGE. — LANGUE.

Système de signes au moyen desquels on fait connaître ses pensées.

Le LANGAGE est tout moyen (geste, parole, écriture) employé pour exprimer ses pensées : *Le* LANGAGE *des gestes est souvent plus éloquent que celui de la parole.*

La LANGUE est l'ensemble des mots et des constructions dont se sert une nation pour exprimer ses pensées : *La* LANGUE *française est la plus belle des langues modernes.*

INSTRUMENT. — OUTIL.

Chose faite pour faciliter le travail de l'homme.

On se sert d'INSTRUMENTS dans les sciences, dans les arts : INSTRUMENTS *de physique, de chirurgie, d'astronomie, de marine, etc.*

Les gens qui exercent un métier où la main seule agit, qui ne demande ni génie, ni spéculation, ont des OUTILS : *Les* OUTILS *d'un menuisier, d'un charpentier, d'un serrurier, d'un maçon.*

ABONDAMMENT. — EN ABONDANCE.

Beaucoup.

ABONDAMMENT convient mieux quand il s'agit d'une action : *Pleurer* ABONDAMMENT. *Suer* ABONDAMMENT.

EN ABONDANCE se dit mieux quand il s'agit d'un état : *Les mets étaient* EN ABONDANCE. *Je prétends que chez moi tout soit* EN ABONDANCE. (Destouches.)

ÉCRIVAIN. — AUTEUR.

Celui qui donne au public les ouvrages de sa composition.

ÉCRIVAIN ne se dit que de celui qui a donné des ouvrages de belles-lettres, ou du moins il ne se dit que par rapport au style : *Racine et Voltaire sont d'excellents* ÉCRIVAINS. *Il faut de solides études pour former un* ÉCRIVAIN. (Acad.)

AUTEUR s'applique à tout genre d'écrire indifféremment ; il a plus de rapport au fond de l'ouvrage qu'à la forme ; de plus, il peut se joindre par la préposition DE aux noms des ouvrages : *Descartes et Newton sont des* AUTEURS *célèbres. L'*AUTEUR *de ce livre est inconnu.*

EFFACER. — RATURER.

Faire disparaître ce qui est écrit.

EFFACER signifie faire disparaître sans laisser aucune trace : EFFACER *une ligne, deux lignes d'écriture.* (Acad.)

RATURER, c'est aussi faire disparaître, mais en laissant des traces matérielles de l'action, des ratures : *Mes manuscrits* RATURÉS, *indéchiffrables, attestent la peine qu'ils m'ont coûtée.* (J.-J. Rousseau.)

DICTÉE SYNONYMIQUE.

DES DIVERS INSTRUMENTS DONT ON S'EST SERVI POUR ÉCRIRE.

Il n'est pas, dans l'antiquité, une seule *langue* où les mots qui signifient écrire ne dérivent de racines voulant dire graver, sillonner, tracer des raies. Les *instruments* dont les hommes se sont servis pour écrire, ont dû varier selon la matière sur laquelle ils s'étaient proposé de tracer leurs pensées. Le caillou tranchant, la pointe de fer, ciselaient le bois, les métaux, la pierre, le marbre même ; le roseau peignait le papyrus et les peaux. Les Orientaux se servent encore aujourd'hui d'une espèce de roseau qui croît *abondamment* sur les bords du Nil, et qu'ils taillent en forme de plume. Le grattoir, le canif, le compas, les ciseaux, l'écritoire et l'étui étaient connus des anciens : on en a trouvé les noms dans l'anthologie grecque. Les stylets de fer ou de cuivre, pointus d'un bout et aplatis de l'autre, étaient employés pour écrire sur des tablettes enduites de cire. La partie aiguë servait à former les lettres, et l'autre à les *effacer.* De là, le conseil d'Horace aux *écrivains* : « Tournez souvent le sty-

let, c'est-à-dire *effacez* souvent, si vous voulez bien
écrire et mériter d'être lus. »

XXVIII.

SYNONYMES.

MANQUER A. — MANQUER DE.

Avant un infinitif.

MANQUER A, c'est ne pas faire ce qu'on doit, ce qui constitue un devoir général : *J'aimerais mieux mourir que de* MANQUER A *défendre ma religion et ma patrie.*

MANQUER DE, c'est omettre, c'est oublier de faire quelque chose : *Ne* MANQUEZ *pas* DE *vous trouver au rendez-vous.* (Acad.)

ORDONNER. — COMMANDER.

Enjoindre de faire quelque chose.

L'action d'ORDONNER a toujours quelque chose d'absolu, de plus pressant que celle de commander. Ainsi celui qui gouverne ORDONNE, celui qui fait exécuter COMMANDE. La loi, la justice ORDONNENT, la force en main ; un général, un officier COMMANDE, par son grade, une armée, une troupe : *La cour* A ORDONNÉ *que ce témoin serait entendu.* COMMANDER *un dîner à un traiteur.* (Acad.)

REVENIR. — RETOURNER.

Se transporter de nouveau quelque part.

On REVIENT au lieu d'où l'on était parti : *On* REVIENT *dans sa patrie*; et, au figuré : *On* REVIENT *à la vertu.* (Guizot.)

On RETOURNE au lieu où l'on était allé : *On* RETOURNE *en exil.* On dit aussi, au figuré : RETOURNER *au crime.* (Guizot.)

VARIÉTÉ. — VARIATION.

Diversité d'être ou de manière d'être.

La VARIÉTÉ est l'état, la qualité de ce qui est divers ; la multitude des différents objets fait la VARIÉTÉ : *La* VARIÉTÉ *des couleurs.*

La VARIATION est l'action de varier ; les changements successifs font la VARIATION : *La* VARIATION *du temps.*

ORNER. — PARER.

Ajouter à l'agrément d'une personne ou d'une chose.

Orner, c'est ajouter à une chose les accessoires qui peuvent l'embellir : *Les glaces, les tapis, les beaux meubles* ORNENT *bien un appartement.* (Acad.)

Parer, c'est orner avec grand appareil : *Chez les anciens, on* PARAIT *la victime avant de l'immoler. Le printemps* PARE *la terre de mille couleurs.* (Acad.)

DICTÉE SYNONYMIQUE.

SUCCESSION DES JOURS ET DES NUITS, ET MARCHE DES SAISONS.

L'aurore, depuis des milliers d'années, n'a pas une seule fois *manqué* d'annoncer le jour ; elle commence à point nommé, au moment et au lieu réglés. Le soleil, dit l'Écriture, sait où il doit se coucher chaque jour ; par là, il parcourt tour à tour les deux hémisphères, et visite tous ceux que le Créateur lui a *ordonné* d'éclairer. Le jour est le temps du travail et la nuit celui du repos. Bientôt le jour renaît pour rappeler l'homme au travail, pour ranimer toute la nature.

Mais, outre ce cours si constant, par lequel sont formés les jours et les nuits, le soleil nous en montre un autre par lequel il s'approche pendant six mois d'un pôle, *revient* avec la même diligence sur ses pas pour visiter l'autre. Ce changement fait celui des saisons, dont la *variété* est toujours si agréable. Le printemps fait taire les vents glacés, montre les fleurs et promet les fruits ; l'été donne les riches moissons, l'automne répand les fruits qu'a annoncés le printemps ; et l'hiver, qui est une espèce de nuit où l'homme se délasse, ne concentre tous les trésors de la terre qu'afin que le printemps suivant les déploie avec toutes les grâces de la nouveauté. Ainsi la terre, diversement *ornée*, donne tour à tour tant de beaux spectacles, qu'elle ne laisse jamais à l'homme le temps de se dégoûter de ce qu'il possède.

XXIX.

SYNONYMES.

PLUMAGE. — PLUMES

Réunion de plumes.

Le nom collectif PLUMAGE n'a rapport qu'à l'ensemble. Ainsi, la beauté du PLUMAGE est la beauté qui résulte de l'assemblage des plumes, qui individuellement pourraient ne pas être belles.

Le nom pluriel PLUMES considère les choses qui font partie de l'ensemble. Ainsi la beauté des PLUMES est la beauté même qui se retrouve dans chaque plume.

SURPASSER. — DÉPASSER.

Excéder.

SURPASSER, c'est littéralement passer au-dessus, s'élever au-dessus : *Vous êtes beaucoup plus grand que lui; vous le* SURPASSEZ *de toute la tête.*

Au fig. : *Cet élève* SURPASSE *en science tous ses camarades.* (Acad.)

DÉPASSER, c'est aller plus loin, aller au delà, dans une direction quelconque, même vers le bas, ce que ne peut jamais signifier SURPASSER, qui exprime toujours la supériorité : *Vous* DÉPASSEZ *les limites.* (Acad.)

Au fig.: DÉPASSER dit moins que SURPASSER, et est moins usité.

CAPRICE. — FANTAISIE.

Sentiment vif et passager dont nous sommes affectés sans sujet.

Le CAPRICE est une sorte de passion éphémère : *Un étrange* CAPRICE. *Contenter les* CAPRICES *d'une personne.* (Acad.)

La FANTAISIE est un désir vif et quelquefois bizarre : *Il a eu la* FANTAISIE *de voyager.* (Acad.)

PRIX. — RÉCOMPENSE.

Avantage que l'on fait à quelqu'un en retour d'un bien fait par lui.

Le PRIX désigne proprement la valeur des choses; il marque aussi la comparaison, le concours, la préférence : *Un tableau d'un grand* PRIX. *Disputer, remporter le* PRIX (Acad.)

La RÉCOMPENSE est ce qu'on rend en échange d'un service, et emporte presque toujours l'idée de faveur : *Son maître lui fait apprendre un métier pour* RÉCOMPENSE *de ses services. Dieu promet à la vertu une* RÉCOMPENSE *éternelle.*

DICTÉE SYNONYMIQUE.

L'OISEAU MOQUEUR DES ÉTATS-UNIS.

C'est plutôt la forme que le *plumage* qui distingue le moqueur; la facilité des mouvements, le feu des yeux forment l'étonnant caractère de cet oiseau. A toutes ces qualités que la nature a refusées aux autres oiseaux, il joint une de ces voix flexibles et sonores qu'on n'a jamais entendues sans goûter les plus pures délices. Le moqueur saisit avec une justesse, une précision merveilleuse, la mesure et l'accent de ceux qu'il s'est proposé d'imiter; mais il les a bientôt *surpassés* par la douceur et l'expression qu'il sait donner à ses chants. Le matin, dès que les tribus emplumées font résonner les bois de leurs rhythmes variés, perché sur la cime d'un arbre, le moqueur domine par ses chants, comme un virtuose dans un concert; il semble que les autres oiseaux ne soient là que pour l'accompagner. Son talent ne se borne pas à l'imitation : son chant naturel est à la fois brillant et mélodieux; mais il l'interrompt souvent pour se livrer à ses *caprices* d'imitation, et il le reprend ensuite; cet exercice ne dure pas moins d'une demi-heure, et quelquefois une heure s'écoule avant que le chanteur se taise. Pendant ce temps, ses ailes étendues, sa queue tachetée de blanc, ses mouvements gais et vifs ne plaisent pas moins que l'éclat et la douceur de ses modulations. On le voit pirouetter comme dans le délire de l'enthousiasme, monter ou descendre suivant les inflexions de sa voix. Un aveugle qui l'entendrait croirait que les oiseaux de toutes les espèces se sont réunis pour disputer le *prix* du chant; son imitation est si parfaite, que le chasseur et le chercheur d'oiseaux s'y sont maintes fois laissé tromper ; les oiseaux eux-mêmes ne manquent point d'accourir, dès qu'ils entendent cette voix mensongère, pour s'assurer si c'est une invitation ou un cri d'appel qui s'adresse à eux. D'autres fois, saisis d'épouvante, ils se réfugient dans l'épaisseur des buissons : c'est le moqueur qui a causé cette alarme en imitant le cri du faucon.

XXX.

SYNONYMES.

ALLER. — VENIR.

Se transporter d'un lieu à un autre.

ALLER , s'est simplement se transporter d'un lieu à un autre : *Nous devons* ALLER *à la campagne.* IREZ-*vous bientôt à Paris!*

VENIR, c'est se transporter d'un lieu à un autre dans lequel est, était, ou sera celui qui parle : *Il* VIENDRA *ce soir à tel endroit;* VENEZ *m'y rejoindre.* (Acad.)

BROUILLARD. — BRUME.

Vapeur plus ou moins épaisse, et ordinairement froide qui obscurcit l'air.

BROUILLARD est le terme général : *Un épais* BROUILLARD *nous dérobait la campagne.* (Acad.)

BRUME se dit surtout des brouillards qu'on observe sur la mer : *Les vaisseaux ennemis s'éloignèrent à la faveur d'une* BRUME *qui survint.* (Acad.)

CALME. — BONACE (t. de marine).

Cessation du vent.

Le CALME est la cessation complète du vent : *Quand il fut en haute mer, le* CALME *le prit et l'empêcha d'avancer.* (Acad.)

La BONACE est l'état de la mer quand elle devient calme ; *La* BONACE *retarde les navires.* (Acad).

Ainsi :

CALME dit plus que BONACE.

EXAGÉRATION. — HYPERBOLE.

Discours, expression qui agrandit les choses.

EXAGÉRATION (du latin *exageratio*) est le mot de la langue commune, et se rapporte au sens des choses dites, à la pensée : *Il y a de l'*EXAGÉRATION *dans tout ce qu'il dit.*

HYPERBOLE (du grec *huperbolé*) est un terme de rhétorique et est relatif au style : *Il prodigue dans ses vers les épithètes, les métaphores et les* HYPERBOLES.

VERDEUR. — VERDURE.

Qualité de ce qui est vert.

La VERDEUR est l'humeur, la séve qui est dans le bois lorsqu'il n'est pas mort, ou qu'il n'est pas encore sec : *Ce bois a encore de la* VERDEUR. (Acad.)

VERDURE se dit de la couleur verte de la nature au printemps, il se dit aussi des herbes et des arbres : *La* VERDURE *des prés, des champs, des bois; joncher les rues de* VERDURE. (Acad.)

DICTÉE SYNONYMIQUE.

VUE DE CONSTANTINOPLE.

A huit heures et demie, un caïque *vint* à notre bord. Comme nous étions presque arrêtés par la *bonace*, je quittai la felouque et je m'embarquai avec mes gens sur le petit bateau. Nous rasâmes la pointe d'Europe, où s'élève le château des Sept-Tours, vieille fortification gothique que les Turcs ont laissée tomber en ruines ; Constantinople, et surtout la côte d'Asie, étaient noyées dans le *brouillard ;* les cyprès et les minarets, que j'apercevais à travers cette vapeur, présentaient l'aspect d'une forêt dépouillée. Comme nous approchions de la pointe du Sérail, le vent du nord s'éleva et balaya, en moins d'une minute, le *brouillard* répandu sur le tableau ; je me trouvai tout à coup au milieu du palais du commandeur des croyants ; ce fut le coup de baguette d'un génie. Devant moi, entre des collines riantes, serpentait, ainsi qu'un fleuve, le canal de la mer Noire ; à ma droite, étaient la terre d'Asie et la ville de Scutari ; à ma gauche, était la terre d'Europe ; elle formait, en se creusant, une large baie où étaient amarrés une multitude de grands navires et que traversaient une quantité innombrable de petits bateaux. Cette baie, renfermée entre deux coteaux plantés d'arbres dont les plus vieux ont encore de la *verdure*, présentait en regard et en amphithéâtre Constantinople et Galata. L'immensité de ces trois villes étagées, Galata, Constantinople et Scutari ; les cyprès, les minarets, les mâts des vaisseaux que nous voyions s'élever et se confondre de toutes parts ; la *verdure* des arbres, la couleur des maisons blanches et rouges, la mer qui étendait sous ces objets sa nappe bleue, et le ciel qui déroulait au-dessus un autre champ d'azur : voilà ce que j'admirais. On ne fait pas d'*exagération* quand on dit que Constantinople offre le plus beau point de vue de l'univers.

XXXI.

SYNONYMES.

CITOYEN. — CONCITOYEN.

Habitant d'un Etat libre.

Un CITOYEN est l'habitant d'une cité, d'un Etat libre, en général.	Un CONCITOYEN est un citoyen de la même ville, du même Etat qu'un autre.

CRAINDRE. — APPRÉHENDER.

Éprouver une émotion pénible à la seule idée d'un mal possible.

On CRAINT par un mouvement d'aversion pour le mal, dans l'idée que ce mal peut arriver : CRAINDRE *la mort.* (Acad.)	On APPRÉHENDE par un mouvement de désir pour le bien, dans l'idée que ce bien peut manquer : APPRÉHENDER *le jugement du public.* (Acad.)

COMMERCE. — TRAFIC.

L'industrie qui consiste à procurer des valeurs pour d'autres valeurs ou pour de l'argent.

Le COMMERCE est un échange de toutes sortes de marchandises; c'est le terme général : *Le* COMMERCE *est la richesse d'un Etat. La guerre paralyse le* COMMERCE.	Le TRAFIC est un petit commerce, uniquement inspiré par l'intérêt : *Le* TRAFIC *des cuirs, des porcelaines,* etc. (Acad.)

JARDIN. — VERGER.

Lieu planté de fleurs, d'arbres fruitiers.

Le JARDIN renferme des légumes, des fleurs, des arbres, etc.	Le VERGER ne renferme que des arbres fruitiers.

INHUMER. — ENTERRER.

Mettre en terre.

INHUMER se dit des honneurs funèbres, des cérémonies religieuses : *On l'*INHUMA *dans le cimetière.* (Acad.)	ENTERRER se dit de l'action de mettre en terre, et s'applique à d'autres idées que celle de sépulture : *Il vivait encore quand on l'*ENTERRA. *L'avare* ENTERRE *ses trésors au lieu d'en jouir.*

DICTÉE SYNONYMIQUE.

PISE.

La ville de Pise est située sur les deux rives de l'Arno ; une population de quatre-vingt mille *citoyens*, sous les consuls et les premiers Médicis, s'est trouvée réduite insensiblement à quinze mille cinq cents habitants. Il est vrai que le *commerce* de l'Inde, par suite d'événements qu'il y a eu, ne passe plus par l'Italie. La cathédrale de Pise mérite l'attention de tous les voyageurs qui se sont laissés aller au plaisir de visiter la Toscane. Sa tour fixe d'abord les regards : elle les a bientôt effrayés. Elle est tellement inclinée qu'on *craint* qu'elle ne tombe ; mais ce qui rassure, c'est que plusieurs siècles se sont succédé depuis qu'elle est ainsi inclinée. Ce phénomène a fourni la matière d'un problème que bon nombre de savants se sont vainement proposé de résoudre. La cathédrale est d'ailleurs grande et majestueuse ; deux rangs de colonnes antiques de granit, au nombre de quatre-vingts, et qui sont les débris d'anciens temples, n'ont pu être défigurées par le goût gothique qui les a rassemblées là. Autour de cette cathédrale est un *jardin* dont le sol est de la terre sainte que les Pisans ont apportée, au temps des croisades, pour y *enterrer* leurs morts. Ce cimetière s'appelle le Campo Santo. Que cette terre, ces tombeaux, ces épitaphes, émeuvent tristement l'âme !

XXXII.

SYNONYMES.

FÉLICITÉ. — PROSPÉRITÉ.

Etat heureux, situation heureuse.

La FÉLICITÉ est l'état d'une âme contente ; elle consiste dans la satisfaction intérieure : *Jouir d'une* FÉLICITÉ *parfaite.*

La PROSPÉRITÉ est un heureux état, une heureuse situation soit des affaires générales, soit des affaires particulières : *La* PROSPÉRITÉ *du commerce, de l'agriculture. Crésus fit venir Solon pour lui faire admirer sa grande* PROSPÉRITÉ.

REPENTIR. — REMORDS.

Douleur que nous éprouvons d'avoir fait le mal ou de n'avoir pas fait le bien.

Le REPENTIR est le regret amer d'une faute qu'on voudrait réparer ; il est dans l'âme, la réflexion et l'expérience le suggèrent : *Je lui ai pardonné sa faute, parce qu'il m'en a témoigné beaucoup de* REPENTIR.

Le REMORDS est le reproche vengeur que la conscience adresse à celui qui a commis un crime : *Les méchants tâchent d'étouffer les* REMORDS *de leur conscience.*

Ainsi :

REMORDS dit plus que REPENTIR.

LIEU. — ENDROIT. — PLACE.

Portion de l'espace.

LIEU marque un espace entier : LIEU *vaste, charmant, solitaire.*
ENDROIT marque seulement une partie d'un espace : *Voici l'*ENDROIT *où l'on veut bâtir.*

PLACE exprime ordinairement une idée d'ordre, d'arrangement : *Ranger quelque chose à sa* PLACE.

ODEUR. — SENTEUR.

Émanation sensible à l'odorat.

ODEUR est le terme générique ; SENTEUR se dit d'une forte odeur.

Au pluriel, les ODEURS et les SENTEURS sont des parfums, mais les SENTEURS sont plus fortes que les ODEURS.

Au fig., on dit : ODEUR *de sainteté*, l'ODEUR *des vertus*, etc.

SENTEUR ne s'emploie qu'au propre.

POISON. — VENIN.

Choses qui peuvent attaquer les principes de la vie par quelque qualité maligne.

POISON (du latin *potio*, boisson) se dit des plantes ou des préparations dont l'usage est funeste pour la vie : *La ciguë est un* POISON *violent.*

VENIN ne se dit plus aujourd'hui que de la liqueur venimeuse que certains animaux distillent : *Le* VENIN *du serpent, de l'aspic, de la vipère*, etc.

DICTÉE SYNONYMIQUE.

LA CONSCIENCE.

Chaque homme a, au milieu de son cœur, un tribunal où il commence à se juger soi-même, en attendant que l'Arbitre souverain confirme la sentence. Si la vie n'est qu'une conséquence physique de notre organisation, d'où vient cette frayeur qui trouble les jours d'une *prospérité* coupable ? Pourquoi le *remords* est-il si terrible qu'on préfère souvent la pauvreté et toute la rigueur de la vertu à des biens illégitimement acquis ? Pourquoi y a-t-il une voix dans le sang, une parole dans la pierre ? Le tigre déchire sa proie et dort ; l'homme devient homicide et veille. Il cherche les *lieux* déserts, et cependant la solitude l'effraye. Son regard est inquiet et mobile ; il n'ose regarder le mur de la salle du festin, dans la crainte d'y voir des caractères funestes. Tous ses sens semblent devenir meilleurs pour le tourmenter; il voit au milieu de la nuit des lueurs menaçantes; il est toujours environné de l'*odeur* du carnage; il découvre le goût du *poison* jusque dans les mets qu'il a lui-même apprêtés; son oreille, d'une étrange susceptibilité, trouve le bruit où tout le monde trouve le silence, et, en embrassant son ami, il croit sentir sous ses vêtements un poignard caché.

XXXIII.

SYNONYMES.

VITESSE. — RAPIDITÉ.

Grande promptitude.

VITESSE est le terme employé en physique : *La* VITESSE *du son, de la lumière, d'un corps qui tombe.*

La RAPIDITÉ (du latin *rapere,* ravir) est une vitesse impétueuse qui entraîne, emporte, ravit; elle convient particulièrement en parlant d'un torrent, du temps, etc.

SEMBLER. — PARAITRE.

Avoir l'apparence d'être tel.

SEMBLER marque le rapport que la raison trouve entre la chose et ce qui doit être le bon, le vrai, le beau.

PARAITRE désigne seulement le dehors, l'aspect, l'apparence.

Ainsi :

Un ouvrage SEMBLE bien fait, après quelque examen ; il PARAISSAIT bien fait au premier coup d'œil. (Boiste.)

ENTRER. — PÉNÉTRER.

Passer du dehors au dedans.

ENTRER exprime simplement l'action de passer du dehors au dedans : ENTRER *dans une chambre, dans un bois, dans un jardin,* etc.

PÉNÉTRER signifie entrer bien avant : *La flèche* PÉNÉTRA *jusqu'à l'os. Le boulet* A PÉNÉTRÉ *dans le corps du vaisseau.* (Acad.)

DÉTRUIRE. — ANÉANTIR.

Faire qu'une chose cesse d'exister, ne soit plus.

Ce qu'on DÉTRUIT peut laisser des vestiges : DÉTRUIRE *une ville, un édifice, une digue,* etc. *L'âge* DÉTRUIT *la beauté.* (Acad.)

Ce qu'on ANÉANTIT disparaît complétement : *Il n'y a point de fortune si élevée qu'un revers ne puisse* ANÉANTIR. (Acad.) *Le présent qui s'enfuit est déjà bien loin, puisqu'il* S'ANÉANTIT *dans le moment que nous parlons.* (Fénelon.)

PARAITRE. — APPARAITRE.

Devenir visible, se montrer.

PARAITRE se dit des choses ordinaires, peu rares : *Le soleil* PARAIT. *L'étoile du matin commence à* PARAITRE. *Les boutons* PARAISSENT *aux arbres.*

APPARAITRE se dit des choses qui, par leur nature ou leur rareté, tiennent du prodige : *Napoléon fut un de ces génies extraordinaires qui* APPARAISSENT *à de longs intervalles.*

DICTÉE SYNONYMIQUE.

IMMENSITÉ DE L'ESPACE.

La *vitesse* seule de la lumière peut nous donner une idée de l'immensité de l'espace. Si nous n'apercevons le soleil que huit minutes après qu'il s'est levé à l'horizon, c'est que la lumière met ce temps à parcourir cent trente-six millions de kilomètres : un boulet de canon mettrait dix-huit ans et demi à faire la même route. Cependant, quelque prodigieux que vous *paraisse* l'éloignement du soleil, tâchez d'imaginer celui de l'étoile fixe la plus rapprochée, dont la lumière reste six années avant d'être aperçue de la terre. Il y a donc six ans que les rayons qui *entrent* dans vos yeux pour y représenter cette étoile en sont partis, et si la destruction de l'étoile était possible, vous en verriez encore la lumière six années après que le Créateur l'aurait *anéantie*. Que s'il a plu à l'Eternel de créer des étoiles mille fois plus éloignées, quels qu'en soient l'éclat et la grandeur, nous ne pouvons les apercevoir encore, parce qu'il ne s'est pas écoulé six mille ans depuis la création. Il est donc des soleils invisibles pour nous, qui *apparaîtront* un jour, et dont nos arrière-neveux contempleront la lumière. Quel grand, quel beau sujet de méditation sur l'immensité de l'espace, et sur la durée des temps que les globes mesurent dans leur marche silencieuse !

XXXIV.

SYNONYMES.

EN. — DANS.

Ces deux prépositions servent à marquer le lieu, le temps.

EN a un sens vague et s'emploie rarement avec l'article : *Etre EN prison. J'aime à me promener EN voiture. Mettre un enfant EN pension.* (Acad.)

DANS a un sens précis et s'emploie presque toujours avec l'article : *Etre DANS la prison la plus malsaine. J'étais DANS la belle voiture de mon oncle, quand je vous aperçus.*

FÉCOND. — FERTILE.

Ces deux mots, qui ne sont synonymes que quand il s'agit des terres, expriment la propriété de produire certaines choses en abondance.

Une terre FÉCONDE a la faculté de produire.	Une terre FERTILE produit en effet.

Ainsi :

Une terre peut être naturellement FÉCONDE, mais ne pas être FERTILE, si on ne la travaille point.

ROI. — MONARQUE.

Chef d'un État.

Le ROI est celui qui conduit, qui dirige l'État. Tous les ROIS n'ont pas la même puissance.	Le MONARQUE est un chef qui gouverne seul, qui ne partage avec aucun corps le pouvoir exécutif ; la puissance du MONARQUE est, par conséquent, plus grande que celle du ROI.

ÉLÉVATION. — HAUTEUR.

Grandeur d'une chose, de son pied à son sommet.

L'ÉLÉVATION est la situation d'une chose au-dessus des autres.	La HAUTEUR consiste dans la comparaison que l'on fait d'une chose par rapport à d'autres.

Ainsi :

Une maison de douze mètres de HAUTEUR n'est pas HAUTE, car il y en a qui le sont davantage ; cependant elle serait ÉLEVÉE, si elle se trouvait sur une éminence ou au milieu des cabanes d'un village.

DEVIN. — PROPHÈTE.

Celui qui s'attribue un don de connaître le surnaturel.

Le DEVIN prétend découvrir ce qui est caché; mais il n'a aucun caractère sacré.	Le PROPHÈTE prétend savoir ce qui doit arriver; il est ou prétend être inspiré de Dieu.

Les Juifs consultaient quelquefois les DEVINS, espèce de magiciens ou de sorciers, quoiqu'ils eussent des PROPHÈTES. C'est ce qui arriva à Saül, quand il alla consulter la pythonisse d'Endor.

DICTÉE SYNONYMIQUE.

BABYLONE.

La destinée de cette ville fameuse fut étrange, puisqu'elle périt par ses propres inventions. L'Euphrate faisait à peu près *dans* ces vastes plaines le même effet que le Nil dans celles de l'Egypte; mais, pour le rendre commode, il fallait encore plus d'art et plus de travail que l'Egypte n'en employait pour le Nil. L'Euphrate était droit dans son cours, et jamais il ne débordait. Il fallut lui faire dans tout le pays un nombre infini de canaux, afin qu'il pût en arroser les terres, qui, par ce secours, devenaient incomparablement *fertiles*. Pour rompre la violence de ses eaux trop impétueuses, il fallait le faire couler par mille détours et lui creuser de grands lacs qu'une sage reine revêtit avec une magnificence incroyable. Nitocris, mère de Balthazar, dernier *roi* de Babylone, fit ces grands ouvrages. Mais cette reine entreprit un travail bien plus merveilleux : ce fut d'élever sur l'Euphrate un pont de pierre, afin que les deux côtés de la ville, que l'immense largeur de ce fleuve séparait trop, pussent communiquer ensemble. Il fallut donc mettre à sec une rivière si rapide et si profonde, en détournant les eaux dans un lac immense que la feue reine avait fait creuser. En même temps, on bâtit le pont, dont les solides matériaux étaient préparés, et l'on revêtit de briques les deux bords du fleuve jusqu'à une *hauteur* étonnante, en y laissant des descentes revêtues de même, et d'un aussi bel ouvrage que les murailles de la ville. La diligence du travail en égala la grandeur. Mais une reine si prévoyante ne songea pas qu'elle apprenait à ses ennemis à prendre sa ville. Ce fut dans le lac même qu'elle avait creusé, que Cyrus détourna l'Euphrate, quand, désespérant de réduire Babylone ni par force ni par famine, il s'y ouvrit des deux côtés de la ville le passage que nous avons vu tant marqué par les *prophètes*.

XXXV.

SYNONYMES.

FOI. — CROYANCE.

Assentiment de l'esprit à quelque chose qu'il tient pour vrai.

La FOI est une persuasion déterminée par la seule autorité de celui qui a parlé : *C'est une question de* FOI, *un article de* FOI. (Acad.)	La CROYANCE est une persuasion déterminée par l'examen de la chose à croire ; elle suppose l'exercice de la raison individuelle, qu'exclut la FOI : *J'ai la ferme* CROYANCE *que l'âme est immortelle.* (Acad.)

PUISSANCE. — POUVOIR.

Capacité d'agir.

La PUISSANCE vient de la force.	Le POUVOIR vient du droit d'agir.

Ainsi :

Le despotisme est une PUISSANCE, puisqu'il a des forces, mais ce n'est point un POUVOIR, puisqu'il n'a point de droit.

SE FIER. — SE CONFIER.

Mettre sa confiance.

SE FIER, c'est avoir de la confiance, mais une confiance réservée, limitée : *On ne sait plus à qui* SE FIER. *Je ne m'en* FIE *qu'à mes propres yeux.* (Acad.)	SE CONFIER, c'est avoir une confiance complète, illimitée : *Je* ME CONFIE *en la Providence. Il* SE CONFIE *en ses* forces. (Acad.)

PRODIGE. — MIRACLE.

Chose surprenante, extraordinaire.

Le PRODIGE est un effet surprenant qui arrive contre le cours ordinaire des choses : *Les anciens croyaient que les grands événements sont quelquefois précédés par des* PRODIGES. (Acad.)

Le MIRACLE est un acte de la puissance divine, contraire aux lois connues de la nature : *La résurrection de Lazare est un des* MIRACLES *du Christ.*

DICTÉE SYNONYMIQUE.

LA FOI.

La *foi* est la source des vertus. Il n'y a de *puissance* que dans la conviction. Un raisonnement n'a jamais été fort, un poëme n'a paru divin, une peinture belle, que parce que l'esprit ou l'œil qui en juge est convaincu d'une certaine vérité cachée dans ce raisonnement, ce poëme, ce tableau. Un petit nombre de soldats, persuadés de l'habileté de leur général, ont pu enfanter des *miracles*. Quarante mille Grecs ont suivi Alexandre à la conquête du monde; Lacédémone s'est *confiée* en Lycurgue, et Lacédémone est devenue la plus sage des cités; Babylone s'est crue faite pour les grandeurs, et les grandeurs se sont prostituées à sa *foi* mondaine; un oracle a donné la terre aux Romains, et les Romains l'ont obtenue; Colomb, seul de tout un monde, s'est obstiné à croire un nouvel univers, et un nouvel univers est sorti des flots. L'amitié, le patriotisme, tous les sentiments nobles sont aussi une espèce de *foi*. C'est parce qu'ils ont cru, que les Codrus, les Pylade, les Régulus ont fait des *prodiges*. Voilà pourquoi ces cœurs qui ne croient rien, qui traitent d'illusions les attachements de l'âme, et de folies les belles actions, qui regardent en pitié l'imagination et la tendresse du génie, voilà pourquoi ces cœurs n'ont rien de grand, de généreux ; ils n'ont de *foi* que dans la matière et dans la mort, et ils sont déjà insensibles comme l'une et glacés comme l'autre.

XXXVI.

SYNONYMES.

UNIVERS. — MONDE.

Ensemble des choses que Dieu a créées.

L'UNIVERS est l'ensemble de toutes les choses que Dieu a créées : étoiles, soleil, planètes, comètes, etc., considérées comme formant un tout.

MONDE exprime une idée d'ordre, d'arrangement, et peut désigner des parties de l'UNIVERS : *Faire le tour du* MONDE, c'est-à-dire de la terre ; *l'ancien* MONDE ; *le nouveau* MONDE.

BOURG. — VILLAGE. — HAMEAU.

Assemblage de maisons habitées par des gens de la campagne.

Le BOURG est plus considérable que le VILLAGE, qui est plus considérable que le HAMEAU.

Le BOURG a un marché et une église ; le VILLAGE n'a point de marché ; le HAMEAU n'a ni l'un ni l'autre.

SURFACE. — SUPERFICIE.

Le dessus des corps.

SURFACE appartient au langage commun, et désigne le dessus des corps quant à leur matière, à leur composition, à leurs qualités physiques : *La* SURFACE *d l'eau.*

SUPERFICIE appartient au langage savant ; il désigne le dessus des corps quant à leur étendue ; c'est un terme de géométrie, d'arpentage : *Cette prairie a deux hectares de* SUPERFICIE.

FLOTS. — VAGUES.

Eaux soulevées et agitées.

Les FLOTS viennent d'un mouvement accidentel, mais assez ordinaire. Les FLOTS agitent en tous sens, ballottent et finissent par engloutir ; on y périt ou l'on en échappe.

Les VAGUES proviennent d'un mouvement violent. Les VAGUES tendent à ébranler et à renverser : on est entraîné par elles ou l'on y résiste.

SIGNE. — SIGNAL.

Ce à quoi on connaît quelque chose.

Le SIGNE, souvent naturel, sert à faire connaître la chose : *L'orgueil, dans toute condition, est un* SIGNE *de bassesse.*

Le SIGNAL est toujours un avertissement convenu : *Donner* le SIGNAL *du combat.*

DICTÉE SYNONYMIQUE.

GENÈVE.

J'ai visité les cinq parties du *monde* et je n'ai vu nulle part une ville plus heureusement située que Genève : doucement échauffée par le soleil, ce grand foyer de *l'univers ;* paresseusement couchée comme elle l'est, appuyant sa tête à la base du mont Salève, étendant jusqu'au lac, qui n'a pas moins de quatorze cents kilomètres carrés de *superficie,* ses pieds, que son onde caresse doucement, elle semble n'avoir autre chose à faire que de regarder avec complaisance les mille et une villas semées aux flancs des montagnes neigeuses qui s'étendent à sa droite, ou couronnent le sommet des collines vertes qui se prolongent à sa gauche ; elle est heureuse, en pensant que ces habitations, dont le nombre s'accroît chaque jour, formeront bientôt des *hameaux,* des *villages,* des *bourgs* même. Sur un *signe* de sa main, elle voit accourir, du fond vaporeux du lac, ses légères barques aux voiles triangulaires qui glissent à la *surface* de l'eau, blanches et rapides comme des goëlands, et ses pesants bateaux à vapeur qui chassent l'écume avec leur poitrail. Sous ce beau ciel, devant ce beau lac, qui n'a ni *flots* qui ballottent, ni *vagues* qui entraînent, il semble que ses bras lui sont inutiles, et qu'elle n'a qu'à respirer pour vivre ; et cependant, cette ville nonchalante et paresseuse en apparence, c'est la reine de l'industrie, c'est la commerçante Genève, qui compte plus de quatre-vingts millionnaires parmi ses vingt mille enfants.

XXXVII.

SYNONYMES.

ENTENDRE. — ÉCOUTER.

Ces mots sont relatifs aux sensations ou aux perceptions de l'ouïe.

ENTENDRE, c'est être frappé des sons ; ÉCOUTER, c'est prêter l'oreille pour les entendre. M. Villemain a dit du professeur Andrieux, dont la voix était faible, qu'il se faisait ENTENDRE à force de se faire ÉCOUTER. Toutefois, on peut ÉCOUTER sans parvenir à ENTENDRE, de même que souvent on ENTEND sans ÉCOUTER, c'est-à-dire sans faire effort pour ENTENDRE.

VASTE. — SPACIEUX.

D'une grande étendue.

VASTE dit plus que SPACIEUX. Des appartements SPACIEUX sont de grands appartements, des appartements qui offrent un grand espace ; de VASTES appartements ne sont pas seulement grands, il sont très-grands. On dit la VASTE mer, et non la mer SPACIEUSE, parce qu'il s'agit d'une très-grande étendue.

SALUBRE. — SALUTAIRE.

Bon pour la santé.

Ce qui est SALUBRE contribue à la santé par une influence constamment hygiénique : *L'air, l'eau, les aliments sont ou ne sont pas* SALUBRES.

SALUBRE ne se dit qu'au propre.

Ce qui est SALUTAIRE sauve de quelque danger, de quelque mal : *Le quinquina est fort* SALUTAIRE *contre la fièvre.*

SALUTAIRE s'emploie souvent, au figuré, dans le sens d'utile, d'avantageux : *Avis* SALUTAIRE, *doctrine* SALUTAIRE. (Acad.)

VOLETER. — VOLTIGER.

Se mouvoir par le moyen des ailes.

VOLETER, c'est faire des vols de courte durée, de petits vols : *Les jeunes oiseaux qui n'ont pas la force de voler longtemps* VOLETTENT.

VOLTIGER, c'est voler çà et là, sans aucune direction déterminée : *Les abeilles, les papillons* VOLTIGENT *de fleur en fleur.* (Acad.)

SUPRÊME. — SOUVERAIN (de *supra* ou *super*, au-dessus).

Qui est au-dessus de tout.

La terminaison ÊME est celle d'un superlatif; SUPRÊME marque, par conséquent, le plus haut degré d'élévation : *Il est parvenu au* SUPRÊME *degré de la science, de la vertu.* (Acad.)

La terminaison AIN exprime essentiellement l'idée de puissance. *Chez les Romains , le dictateur avait un pouvoir* SOUVERAIN. (Acad.)

DICTÉE SYNONYMIQUE.

UN PUR SANCTUAIRE DE LA DIVINITÉ.

Une forêt vierge est un des plus purs sanctuaires de la Divinité, et, quand on y pénètre, tout ce qu'on y voit, tout ce qu'on y *entend* à chaque pas, en chaque saison, saisit la pensée pour l'élever vers lui; c'est sa voix qui, par les éclats de la foudre, retentit sous ces voûtes majestueuses; c'est sa lumière qui les éclaire.

Dans le jour, le soleil répand ses rayons à travers ces réseaux de feuillage, comme à travers les vitraux coloriés d'une chapelle gothique. Dans la nuit, le disque de la lune est suspendu, comme une lampe d'albâtre, sur ces *vastes* coupoles. L'hiver, lorsque la forêt est ensevelie dans son linceul de neige, elle semble, dans sa tristesse, s'incliner et s'assoupir sous le regard de Dieu. Au printemps, elle se réveille comme un enfant rafraîchi par un *salutaire* sommeil, et célèbre Celui à qui elle doit son repos, son mouvement et sa vie. Ses fleurs ouvrent leurs corolles comme des encensoirs ; ses sapins résineux exhalent l'arome de leurs bourgeons naissants ; ses acacias et ses cerisiers répandent leurs parfums dans les airs ; ses insectes rampent, courent, *voltigent* avec un joyeux bourdonnement ; ses oiseaux entonnent dès le matin leur cantique religieux, et le soir modulent encore de doux accents. Tout est musique et mélodie ; tout, depuis le bruissement des feuilles, et le soupir des eaux, jusqu'à la sublime harmonie des sphères, s'élève comme un hymne de louange, de gratitude vers le *souverain* Créateur.

XXXVIII.

SYNONYMES.

CHARGE. — FONCTION.

Partie ou branche de service confiée ou accordée à quelqu'un.

CHARGE signifie *fardeau*. Une CHARGE est un emploi public, important, qui fait qu'on porte le poids des affaires : *Les hommes aiment les grandes* CHARGES, *les honneurs, le commandement.*

FONCTION (de *fungi*, s'acquitter) est un mot distributif ; il désigne le travail, les actes d'une personne, et s'emploie le plus souvent au pluriel : *La principale* FONCTION *de cet employé consiste en....*

SAVOIR. — SCIENCE.

Connaissances acquises.

Un homme a du SAVOIR s'il a acquis sur une matière plus de connaissances que n'en a le vulgaire : *Ce médecin a acquis un grand* SAVOIR *par son expérience.*

Un homme a de la SCIENCE si son esprit s'est rendu maître d'un système entier de connaissances : *Ce médecin se distingue par sa* SCIENCE.

Ainsi :

SCIENCE dit plus que SAVOIR.

MORT. — TRÉPAS. — DÉCÈS. — FIN.

Cessation de la vie.

MORT est le terme générique, le mot ordinaire, dont on se sert à chaque instant, dans quelque sorte de style que ce soit. On l'applique à tout ce qui a vie, à tous les animaux, et non pas, comme ses trois synonymes, à l'homme seulement.

TRÉPAS (de *tré* ou *trans*, au delà, et de *passer*) désigne la mort comme étant un passage, le passage de cette vie à une autre, et c'est pour cela qu'il ne convient qu'en parlant de l'homme, le seul être qui soit immortel. Ce mot exprime toujours une mort éclatante, glorieuse, qui donne en quelque façon une seconde vie dans la mémoire des hommes.

DÉCÈS (*decedere*, s'en aller de, quitter une place, la céder à un autre) représente la mort comme une cession de place, de biens, de droits à d'autres. Aussi n'est-il applicable qu'à l'homme, et ne s'emploie-t-il bien qu'en terme de jurisprudence, d'administration : *Vente après* DÉCÈS; *acte de* DÉCÈS.

FIN, ce qui termine la vie, n'est ni un mot poétique et oratoire, comme TRÉPAS, ni un mot pour ainsi dire technique comme DÉCÈS. Ce qu'il a de particulier, c'est de présenter la mort comme un événement, comme arrivant plus ou moins tôt, comme étant plus ou moins éloigné : *Sa* FIN *approche; avoir une* FIN *heureuse.*

EXEMPLE. — MODÈLE.

Ce qui détermine à agir d'une certaine manière.

Dans l'EXEMPLE, c'est le fait que l'on considère : on cite, on allègue un EXEMPLE.

Dans le MODÈLE, on considère la perfection : on propose un MODÈLE.

DANGER. — PÉRIL.

Situation d'une personne menacée de quelque malheur.

DANGER (du latin *damnum*, dommage) suppose toutes les situations où l'on craint un malheur, quel qu'il soit, grave ou léger.

PÉRIL (de *per ire*, aller ou passer à travers, *périr*) signifie l'espèce de danger la plus pressante, et presque toujours celle où il va de la vie.

DICTÉE SYNONYMIQUE.

MORT DU POËTE ROTROU.

Rotrou habitait Dreux, où il exerçait les *fonctions* de lieutenant criminel et civil, et il ne venait guère à Paris que pour faire jouer ses pièces. En 1650, il était, dans cette dernière ville, occupé de quelque soin de ce genre, lorsqu'il apprend qu'une épidémie désole sa ville natale. C'est une fièvre pourprée dont les progrès sont si rapides que la *science* est impuissante pour les arrêter. Déjà les principaux habitants ont succombé, et, dans la terreur qu'inspire le fléau, chacun cherche à se dérober par la fuite à une *mort* qui, autrement, semble inévitable. Tandis que tout le monde s'éloigne de la ville infectée, un seul homme, malgré les prières de ses amis, malgré les larmes d'un frère, quitte Paris et arrive à Dreux : cet homme, c'est Rotrou. « Que venez-vous faire ici? lui crient ses compatriotes, affligés de son retour. — Je viens remplir mon devoir, » répond-il; et il parcourt la cité pour donner là l'*exemple* du courage, ici les conseils de la résignation. Rentré dans sa maison, il écrit à son frère : « Le *péril* où je me trouve est imminent. Au moment où je vous écris, les cloches sonnent pour la vingt-deuxième personne morte aujourd'hui : ce sera pour moi demain peut-être, mais ma conscience a marqué mon devoir : que la volonté de Dieu s'accomplisse!... » Trois jours après, Rotrou était mort. La volonté de Dieu avait frappé, à l'âge de quarante et un ans, l'un des hommes dont le talent et le caractère ont le plus honoré la poésie et l'humanité.

———

XXXIX.

SYNONYMES.

CORTÉGE. — ESCORTE.

Suite de personnes qui accompagnent.

Le CORTÉGE est une suite de personnes qui en accompagnent une autre avec cérémonie, pour lui faire honneur.

L'ESCORTE est une troupe armée qui accompagne une personne, un convoi, des bagages, pour protéger, défendre ou surveiller pendant la marche.

BRANCHE. — RAMEAU.

Pousses d'un arbre.

La BRANCHE est le bois que pousse le tronc d'un arbre, d'un arbrisseau, et qui s'allonge comme une sorte de bras.

Le RAMEAU est une petite branche d'arbre.

BOIS. — TAILLIS.

Réunion d'arbres qui couvrent un certain espace de terrain.

Le BOIS est plus grand que le TAILLIS ; il présente une idée d'agrément et conserve toujours ses arbres.

Le TAILLIS présente une idée d'utilité ; c'est un bois que l'on taille, que l'on coupe de temps en temps.

SOURIRE. — SOURIS.

Action de rire légèrement.

On voit le SOURIRE, il repose sur le visage ; c'est une action suivie, un état de la chose. On a le SOURIRE ou un SOURIRE tel ou tel.

On aperçoit le SOURIS, il s'évanouit bientôt ; ce n'est qu'un acte léger, un trait fugitif. On fait dans l'occasion un SOURIS ou tel tel.

ENFIN. — A LA FIN.

L'idée de *fin* est commune à ces deux mots.

ENFIN a rapport au discours. *Enfin*, c'est-à-dire *en finissant*, pour *finir*, pour conclusion, en un mot, bref, pour arriver tout de suite à la fin de mon récit : *Car*, ENFIN, *que pouvait-il faire?* (Acad.)

ENFIN annonce encore le terme d'une longue attente : ENFIN. *Malherbe vint...* (Boileau.)

A LA FIN, vers ou sur la *fin* sert à marquer que la chose ou la personne même finit, a fini ou finira par faire telle chose : A LA FIN, *il est convenu de tout.*

DICTÉE SYNONYMIQUE.

LA VALLÉE DES ROSES.

Il existe, au centre de la France, un groupe de montagnes dont les sommets blanchissent avant l'hiver, mais où le printemps pénètre, dans les vallées, avec le plus charmant *cortége* de fleurs et de verdure. C'est là qu'un jour j'ai découvert la vallée des Roses. C'était à la fin de juin, le printemps des montagnes. Aussi loin que ma vue pouvait s'étendre, je ne voyais que des buissons de rosiers sauvages. Sur les uns, les fleurs étaient solitaires sur chacun de leurs supports ; sur d'autres, elles se réunissaient en bouquets. Celles-ci étaient blanches, celles-là avaient la nuance si vive de la rose à cent feuilles. Tantôt ces élégants buissons étaient espacés sur la pelouse, et leurs *rameaux* amenaient les dernières roses sur les panicules tremblantes des graminées, où les entremêlaient de blanches marguerites ; tantôt les rosiers rapprochés constituaient des fourrés, des *taillis* épineux, où les groseilliers sauvages venaient mêler leur feuillage. Plus loin, d'autres rosiers, aux feuilles empourprées, vivaient au milieu des viornes, aux couronnes virginales ; *enfin*, si je montais encore, la rose des Alpes, aux fleurs éclatantes, me laissait pénétrer au milieu de ses buissons sans épines. Souvenirs des roses et de la fraîche vallée, restez dans le fond de mon cœur pour le faire battre encore dans la saison des frimas ! Le printemps renaîtra sans doute pour nous comme pour les roses : l'espérance est le *sourire* du ciel.

XL.

SYNONYMES.

SE TAPIR. — SE BLOTTIR.

Se ramasser de manière à occuper le moins d'espace possible.

SE TAPIR, c'est se mettre à la manière des fruits tapés, c'est s'aplatir : SE TAPIR *contre une muraille, derrière une haie.* (Acad.)

SE BLOTTIR, c'est se rouler sur soi-même, c'est s'accroupir ; on ne se blottit pas *contre* ou *derrière*, mais *dans* ou *sous* : SE BLOTTIR *dans un coin, sous la table.* (Acad.)

BOIS. — FORÊT.

Réunion d'arbres sur un espace de terrain plus ou moins considérable.

La FORÊT occupe une grande étendue de terrain : *La* FORÊT *de Fontainebleau.*

Le BOIS couvre un espace moins considérable : *Le* BOIS *de Vincennes.*

CIRCONSTANCE. — OCCASION.

Situation actuelle d'une chose.

CIRCONSTANCE (*circùm stantia*, choses qui se tiennent autour) signifie proprement certaine particularité qui accompagne un fait : *Exposer un fait, et en rapporter jusqu'à la moindre* CIRCONSTANCE.

OCCASION (*ob cadere*, tomber devant) exprime un moment favorable pour entreprendre ou exécuter : *Saisir l'*OCCASION, *laisser échapper l'*OCCASION.

VESTIGE. — TRACE.

Marque laissée par un être animé ou par un corps quelconque.

Le VESTIGE est l'empreinte laissée par un corps sur l'endroit où il a posé ; on le cherche : *J'ai remarqué dans ce pays des* VESTIGES *de plusieurs camps des Romains.* (Acad.)

La TRACE est un trait, une ligne plus ou moins prolongée ; on la suit : *Voilà la* TRACE *de ses pas. Suivre des voleurs à la* TRACE. (Acad.)

BLESSURE. — PLAIE.

Lésion ou mal du corps que la chirurgie a pour but de guérir.

La BLESSURE est l'impression que fait un corps lorsqu'il entame ou meurtrit les chairs : *Recevoir une* BLESSURE.

La PLAIE est l'état de continuité de la partie entamée ou meurtrie ; elle peut provenir aussi d'une cause intérieure : *Il est couvert de* PLAIES.

Au figuré, une PLAIE est un mal plus grand qu'une BLESSURE.

DICTÉE SYNONYMIQUE.

UN ÉPISODE DE MON SÉJOUR A SINGAPORE.

Un jour que j'avais battu en tous sens les profondeurs d'une *forêt* voisine, je m'assis au pied d'un arbre séculaire. Pendant que j'écoutais avec recueillement le bruit des solitudes, la voix des vents dans les branches, le chant des oiseaux, le bruissement des herbes agitées par des insectes voyageurs, et les sons mystérieux que se transmettent les échos, un singe vint gambader sur un arbre placé en face de moi. Je ne voulus pas perdre une si belle *occasion* d'exercer mon adresse. Je saisis mon fusil, le coup partit, et un cri de douleur succéda à la détonation. J'aperçus à travers un voile de fumée le pauvre animal tomber de branche en branche, en portant ses mains à droite et à gauche pour se retenir. Un moment il s'accrocha aux écorces raboteuses; mais ses forces l'abandonnèrent, et il glissa jusqu'à terre en suivant le tronc du grand végétal. Je courus vers le point où j'avais vu tomber le blessé, et, à mon grand étonnement, je ne l'y trouvai pas; une affreuse *trace* de sang me guidant, je le découvris, à quelques pas de là, *blotti* sous un arbuste, une main sur sa *blessure* et l'autre sur ses yeux pour essuyer ses larmes. Bientôt, il expira. Je m'éloignai le cœur navré en songeant à ma lugubre aventure, et me promettant bien de respecter désormais la vie de tous les êtres.

XLI.

SYNONYMES.

VALLÉE. — VALLON.

Espace plus ou moins grand entre des hauteurs.

VALLÉE désigne un espace plus étendu entre deux chaînes de montagnes.	VALLON désigne un espace plus resserré; en effet, la terminaison *on* indique un diminutif.

FOSSE. — FOSSÉ.

Excavation dans la terre.

La FOSSE est une excavation qui n'a qu'une médiocre longueur, et autour de laquelle on peut aisément circuler : *Daniel fut jeté dans la* FOSSE *aux lions. On a fait sa* FOSSE *dans le cimetière. Son corps fut jeté dans la* FOSSE *commune.*	Le FOSSÉ est une excavation faite en long pour clore, pour enfermer quelque espace de terre, pour faire écouler les eaux, pour la défense d'une place, etc.: *Entourer un pré de* FOSSÉS. *Les* FOSSÉS *d'une place de guerre.* (Acad.)

BOULEVARD. — REMPART.

Ce qui met à l'abri, ce qui sert de défense:

BOULEVARD dit plus que REMPART.

Le REMPART représente quelque chose d'élevé, mais de simple. Une muraille, une barrière est un REMPART :

Le BOULEVARD est un ouvrage composé ; c'est le terre-plein, le talus d'un rempart, la surface supérieure plus ou moins étendue :

On arrive au pied, au haut du REMPART; *on se promène sur le* BOULEVARD.

Selon Voltaire, BOULEVARD, écrit d'abord *bouleverd*, vient de *boule* sur le *verd*, parce que le peuple de Paris jouait à la *boule* sur le *verd* ou gazon du REMPART.

PENCHANT. — PENTE.

Terrain qui va en baissant. Au figuré, inclination naturelle.

PENCHANT dit plus que PENTE.

PENTE donne l'idée de facilité à descendre : *La* PENTE *d'une colline.*

PENCHANT indique l'idée d'inclinaison forte, et, par suite, de chute : *Le* PENCHANT *d'un abîme.*

Au figuré, la PENTE ressemble au PENCHANT, en ce qu'elle vient de la nature ; mais elle en diffère en ce qu'elle a moins de violence.

FANÉ. — FLÉTRI.

État de langueur et de dépérissement d'une fleur, d'une herbe, d'une plante ; et, au figuré, diminution d'éclat dans le teint, la beauté, etc.

Ces deux mots diffèrent entre eux du plus au moins : *Une fleur qui n'est que* FANÉE *peut quelquefois reprendre son éclat; mais une fleur* FLÉTRIE *n'y revient plus.* (Guizot.)

DICTÉE SYNONYMIQUE.

LA VALLÉE DE JOSAPHAT.

On se figure la *vallée* de Josaphat comme un vaste encaissement de montagnes où le Cédron, large et noir torrent aux eaux lugubres, coule avec des murmures lamentables ; où de larges gorges, ouvertes sur les quatre vents, s'élargissent encore pour laisser passer les quatre torrents des morts venant de l'Orient et de l'Occident, du Septentrion et du Midi, assister au dénouement final du grand drame de l'humanité : rien de tout cela. La *vallée* de Josaphat n'est qu'un *fossé* naturel creusé entre deux monticules de quelques cents pieds d'élévation dont l'un porte Jérusalem, et l'autre, la cime du mont des Oliviers ; les *remparts* de Jérusalem, en s'écroulant, en combleraient la plus grande partie. Le Cédron n'est qu'un torrent sans importance. En un mot, la *vallée* de Josaphat ressemble tout à fait à un de ces *fossés* qu'on voit au pied des hautes fortifications d'une grande ville, où l'égout de la ville roule ses immondices, où les pauvres habitants des faubourgs disputent un coin de terre aux *remparts* pour cultiver des légumes, où les chèvres et les ânes abandonnés vont brouter sur les *pentes* l'herbe *flétrie* par les immondices et la boue. Semez le sol de pierres sépulcrales, et vous aurez devant les yeux la vallée de Josaphat.

XLII.

SYNONYMES.

BANQUET. — FESTIN.

Repas fait en commun.

BANQUET se dit d'un repas auquel prennent part des personnes en communauté d'opinion, de croyance, de vue, de desseins, d'in-

FESTIN (du latin *festum*, feste, fête) éveille toujours une idée de somptuosité, soit par l'abondance et la délicatesse des mets, soit par

térêts, etc. ; il peut d'ailleurs être sobre, modeste, sans appareil. Dans les banquets politiques on parle plus qu'on ne mange. Les agapes des premiers chrétiens étaient, en quelque sorte, des banquets religieux.

l'éclat et l'appareil qu'on y déploie : *Le* FESTIN *de Balthasar.*

ACCOMPAGNER. — ESCORTER.

Aller avec.

On ACCOMPAGNE par égard, par amitié; une seule personne suffit pour ACCOMPAGNER : *Je vous ac-COMPAGNERAI jusque-là. On l'ac-COMPAGNA jusqu'à sa voiture.*

On ESCORTE par précaution ; une escorte se compose toujours d'un certain nombre de personnes : *On détacha un corps de cavalerie pour* ESCORTER *le convoi.*

DEMEURE. — RÉSIDENCE.

Lieu dans lequel on se tient d'ordinaire.

DEMEURE marque quelque chose de constant :

RÉSIDENCE marque quelque chose d'accidentel, de passager :

Après une RÉSIDENCE *de quelques années sur cette terre, notre âme, si nous avons bien vécu, retourne au ciel, où elle doit avoir sa* DEMEURE.

TOMBE. — TOMBEAU.

Lieu où l'on dépose les morts.

La TOMBE est proprement la table de pierre, de marbre, etc., placée au-dessus de la fosse ; c'est aussi quelquefois la fosse elle-même : *Prier sur la* TOMBE *de quelqu'un ; avoir déjà un pied dans la* TOMBE.

Le TOMBEAU est la tombe devenue un monument élevé pour illustrer et consacrer la mémoire des morts par des emblèmes, des allégories, etc. : *Le* TOMBEAU *de Napoléon Ier est aux Invalides.*

AROMATE. — PARFUM.

Choses qui sentent bon.

L'AROMATE (du grec *arô*, je porte, j'élève ; et de *osmé*, odeur ;

Le PARFUM (du latin *fumus*, fumée, vapeur ; et de *par*, alté-

senteur) désigne la substance d'où s'élève une odeur : *L'encens est un* AROMATE.

ration de *per*, à travers) désigne l'odeur même, la senteur, le *fumet* qui s'élève d'une substance : *L'exhalaison agréable que l'encens répand quand on le brûle est un* PARFUM.

On dit de même : le PARFUM des fleurs ; et, au figuré : le PARFUM de la prière.

PARFUM s'emploie quelquefois pour le corps lui-même.

DICTÉE SYNONYMIQUE.

LES FLEURS.

Quoi de plus intéressant que les fleurs ? Ce sont elles qui, en ouvrant le cercle des saisons, appellent ces légions d'insectes qui viennent en bourdonnant prendre leur part du *banquet* auquel la nature les convie ; ce sont elles qui, préludant à la graine, assurent à la terre sa splendide parure, et à l'homme les sources les plus pures et les plus réelles de ses douces émotions, pendant sa courte *résidence* sur la terre. Elles nous *accompagnent* à toutes les époques de la vie : elles sourient, sur la pelouse, aux premières joies de l'enfance ; plus tard, elles servent de parure à l'innocence ; les grands de la terre les prodiguent dans leurs *festins* et recommandent qu'on en entoure leurs *tombeaux*. Combien de gracieuses pensées et de doux sentiments sont exprimés par les fleurs ! Elles assistent à nos fêtes de famille, se tressent en couronnes pour les plus beaux jours de la vie, et quand nous dormons dans la *tombe*, ce sont encore des fleurs qui nous *accompagnent* et ne s'éloignent jamais. Si des mains pieuses ne viennent pas déposer près de nous les guirlandes de l'immortelle, ou couvrir notre dernière *demeure* des fleurs que nous avons aimées, la nature y place elle-même le signe de l'immortalité. Les fleurs, enfin, ont remplacé sur l'autel les sanglantes hécatombes; elles sont le *parfum* de la prière et l'anneau d'alliance qui unit l'homme à la Divinité.

XLIII.

SYNONYMES.

LOUER. — VANTER.

Dire du bien de quelqu'un ou de quelque chose.

LOUER (du latin *laudare*, louanger, faire l'éloge), c'est trouver bon et le dire. On LOUE une personne pour lui marquer l'estime qu'on fait d'elle ou pour lui donner des applaudissements : *Il faut savoir* LOUER *et blâmer à propos.* (Acad.)

VANTER (de *venditare*, chercher à vendre), c'est faire valoir une chose ou une personne, comme un marchand sa marchandise. Ainsi, on vante une personne pour lui procurer l'estime des autres ou pour lui donner de la réputation.

SUR. — CERTAIN. — ASSURÉ.

Ces trois mots excluent le doute, et signifient, chacun : *propre à déterminer la croyance.*

Une chose est SURE, quand elle est confirmée par l'expérience de tous les jours : *Le remède dont je vous parle est un remède* SUR. (Acad.)

Une chose est certaine, quand elle présente des caractères d'évidence : *La nouvelle est* CERTAINE.

Une chose est ASSURÉE quand elle renferme des principes de stabilité : *Une paix* ASSURÉE. (Acad.)

AISE. — CONTENT. — RAVI.

Ces trois mots expriment une situation agréable de l'âme, et forment une gradation ascendante.

Nous sommes bien AISES des succès qui ne nous regardent qu'indirectement.

L'accomplissement de nos propres désirs dans ce qui nous concerne personnellement, nous rend CONTENTS.

Une forte impression de plaisir fait que nous sommes RAVIS.

ASSURER. — AFFIRMER.

Présenter une chose comme certaine.

ASSURER indique surtout le ton de la voix, la manière de dire, par lesquels on prétend marquer la certitude d'une chose : *Il* ASSURE *un mensonge aussi hardiment qu'une vérité.*	AFFIRMER, c'est employer une sorte de serment pour faire croire à la sincérité : *Je les ai vus, je vous l'*AFFIRME. (Acad.)

CHAGRIN. — PEINE.

Chose fâcheuse qui nous affecte désagréablement.

Le CHAGRIN est un ennui qui altère l'humeur, et affecte ordinairement l'esprit : *Noyer son* CHAGRIN *dans le vin.* (Acad.)	La PEINE, plus grande que le chagrin, est une tristesse ordinairement passagère ; elle affecte surtout le cœur : *Chacun a ses* PEINES. (Voltaire.)

DICTÉE SYNONYMIQUE.

UN PÈRE EXILÉ A SA FILLE

Ma très-chère enfant,

Tu as sans doute fort bien deviné le sentiment qui empêche ta maman de *te vanter* à toi-même ; il pourrait en résulter deux inconvénients, celui d'augmenter ton amour-propre et celui de nourrir ta paresse. Tu sens bien par toi-même qu'on est toujours porté à s'arrêter en chemin, à dire : C'est assez ; et c'est un grand mal. Maman voudrait donc éviter cette nonchalance, et t'animer constamment à de nouveaux efforts ; mais il est bien *sûr*, et tu en es bien persuadée, qu'il n'y a personne au monde qui t'aime plus que ta maman, et qui rende plus de justice aux efforts que tu fais pour être une bonne et aimable personne. Jamais tu ne fais quelque chose de bien sans qu'elle ait soin de m'en faire part : plus tu vivras et regarderas autour de toi, ma chère enfant, plus tu verras que nulle part tu ne peux être mieux qu'auprès d'elle. Je suis assez *content* de ton style et de ton orthographe ; j'ai bien envie d'être auprès de toi pour y donner la dernière main. En attendant, je puis *t'assurer* que tu as des dispositions pour écrire purement ; ainsi, il faut les cultiver. Voilà qui va peut-être té donner de l'orgueil ; mais, une autre fois, je ne te parlerai que de tes défauts, pour t'humilier. Tu feras fort bien, ma chère enfant, de m'écrire de temps en temps ; mais il faut laisser courir ta plume, et me dire tout ce qui te passe dans la tête. Tu as toujours quatre chapitres à traiter, tes plaisirs, tes *chagrins*, tes occupations et tes désirs ; avec cela, on peut remplir quatre pages. Pour moi, il me suffit de quatre mots en suivant cette même division : mon plaisir serait d'être avec toi, mon *chagrin* est d'en être éloigné, mon occupation est de trouver les moyens de te rejoindre, et mon désir est d'y réussir. Adieu, ma chère enfant.

XLIV.

SYNONYMES.

MARQUER. — INDIQUER. — DÉSIGNER.

Donner le moyen de connaître.

MARQUER, c'est faire connaître une chose à une certaine marque : *On* MARQUE *dans un livre un passage qui a frappé. Le cadran* MARQUE *les heures. On* MARQUE *du linge. Les rides* MARQUENT *la vieillesse.*

INDIQUER, c'est montrer comme du doigt (*index*) de quel côté est la chose : *Ce poteau est là pour* INDIQUER *le chemin.*

DÉSIGNER, c'est faire connaître par des signes, c'est enseigner ou annoncer la chose cachée au moyen de certains signes qui ont des rapports avec elle : *Les Egyptiens* DÉSIGNAIENT *l'éternité par la figure d'un serpent qui se mord la queue.* (Acad.)

NAVIRE. — VAISSEAU.

Bâtiment pour aller sur mer.

Chacun de ces deux noms désigne un bâtiment de bois construit d'une manière propre à transporter des hommes et des marchandises par mer et sur les grands fleuves ; mais, en parlant des bâtiments de guerre, on dit plus ordinairement *vaisseau* que *navire.* (Acad.)

UNIQUE. — SEUL.

Sans autre ou sans d'autres.

Placé après le nom auquel il se rapporte, UNIQUE signifie qu'il n'y a point d'autre chose de la même espèce ; SEUL, que cette chose n'est point accompagnée : *Un enfant qui n'a ni frère ni sœur, est* UNIQUE. *Un homme abandonné reste* SEUL.

Placé avant le nom, SEUL se rapporte à d'autres choses qu'il nie ou repousse : *Un* SEUL *regard suffit pour percer ce mystère ;* UNIQUE suppose qu'il n'en existe point d'autre : *La lecture est mon* UNIQUE *occupation.*

PLACER. — POSER.

Faire en sorte qu'une chose soit dans un certain lieu.

PLACER, donner *place* ou *une place*, c'est-à-dire un rang, a rapport à un certain arrangement, à un certain ordre : PLACEZ *ces livres dans ma bibliothèque. On* A PLACÉ *avec goût les colonnes de cet édifice.*

POSER, mettre *en repos* ou *au repos* (de *ponere*, établir), a rapport à un état antérieur de mouvement qu'on fait cesser, ou à l'état ultérieur qu'on assure, qu'on rend stable : *Le papillon ne se* POSE *que sur les fleurs. On* A POSÉ *les colonnes de cet édifice sur une base solide.*

CONTEMPLER. — CONSIDÉRER.

S'appliquer à voir.

CONTEMPLER, c'est regarder le ciel (*templum*).

CONSIDÉRER, c'est regarder les astres (*sidera*).

Ainsi :

On CONTEMPLE, comme l'homme émerveillé qui regarde le ciel ; on CONSIDÈRE, comme l'astronome, comme le savant qui regarde les astres et cherche à en estimer la grandeur et la distance. On CONTEMPLE et on admire ; on CONSIDÈRE et on juge. (Lafaye.)

DICTÉE SYNONYMIQUE.

LES OISEAUX AQUATIQUES.

La forme du corps et des membres de ces oiseaux *indique* assez qu'ils sont navigateurs-nés et habitants naturels de l'élément liquide : leur corps est arqué et bombé comme la carène d'un *vaisseau*, et c'est peut-être sur cette figure que l'homme a tracé celle des premiers navires qu'il a construits ; leur cou, relevé sur une poitrine saillante, en représente assez bien la proue ; leur queue, courte et rassemblée en un *seul* faisceau, sert de gouvernail ; leurs pieds larges et pal-

més font l'office de véritables rames; le duvet épais
et lustré d'huile qui revêt tout le corps des canes, des
eiders et des cygnes, entre autres, est un goudron naturel qui le rend impénétrable à l'humidité, en même
temps qu'il le fait flotter plus légèrement à la surface
des eaux. Et ceci n'est encore qu'un aperçu des facultés que la nature a données à ces oiseaux pour la navigation; leurs habitudes naturelles sont conformes
à ces facultés; leurs mœurs y sont assorties : ils ne
se plaisent nulle part autant que sur l'eau; ils semblent craindre de se *poser* à terre ; les aspérités du
sol, quelque petites qu'elles soient, blessent leurs
pieds qu'a amollis l'habitude de ne presser qu'une
surface humide; enfin, l'eau est pour eux un lieu de
repos et de plaisirs, où tous leurs mouvements, qu'elle
qu'en soit la variété, se font avec la plus grande
aisance, où leurs diverses évolutions se tracent avec
une grâce que nous nous sommes plu maintes fois à
contempler et à admirer.

XLV.

SYNONYMES.

IMAGINER. — S'IMAGINER.

Se représenter, se faire une idée.

IMAGINER, c'est se représenter quelque chose d'idéal, qu'on crée, qu'on invente, sans aucun égard à la réalité de la représentation.	S'IMAGINER, *imaginer à soi, pour soi,* c'est se représenter quelque chose à quoi l'on croit, à quoi l'on s'attache, qu'on s'impose, qu'on se persuade.

Ainsi :

IMAGINER des fantômes et des périls, c'est simplement en produire
l'idée dans son esprit; se les IMAGINER, c'est, de plus, croire qu'ils
existent, et avoir peur de sa création. (Lafaye.)

BAGATELLE. — NIAISERIE.

La BAGATELLE (petite bague) est, au propre comme au figuré, une chose frivole, qui ne mérite pas qu'on l'estime : *Il m'a fait présent de quelques* BAGATELLES. *Ils se sont brouillés pour une* BAGATELLE. (Acad.)

La NIAISERIE est une bagatelle puérile, une sorte d'enfantillage, quelque chose qui manque de sérieux : *Vous nous débitez cela comme une chose sérieuse et c'est une* NIAISERIE. (Acad.)

GRAND. — GRANDIOSE.

Qui a de la grandeur.

GRAND est le terme ordinaire : *Un* GRAND *jardin; de* GRANDES *difficultés.*

GRANDIOSE ne se dit guère que des beaux-arts, de ce qui impose, de ce qui frappe l'imagination par un caractère de noblesse, de majesté : *Composition* GRANDIOSE. *Cette architecture est d'un style* GRANDIOSE. (Acad.)

IMAGE. — FIGURE. — PORTRAIT.

Représentation.

L'IMAGE représente l'idée de la chose même : *Avoir l'*IMAGE *de la mort présente à l'esprit.* (Acad.)
La FIGURE en montre le contour, la silhouette, le dessin, l'attitude : *Des* FIGURES *de plantes.*

Le PORTRAIT en donne la ressemblance; aussi ne se borne-t-il pas à une simple délinéation : *Le* PORTRAIT *de votre père est très-ressemblant.*

RIRE. — SOURIRE.

Faire un certain mouvement de la bouche, par suite de l'impression que cause en nous quelque chose de gai, de plaisant.

RIRE, c'est faire un certain mouvement de la bouche en l'accompagnant d'un éclat : *Nous nous tenions les côtes de* RIRE. (Acad.)

SOURIRE, c'est rire sans éclater, et seulement par un léger mouvement de la bouche et des yeux : *Il ne répondit rien, mais il se mit à* SOURIRE. (Acad.)

DICTÉE SYNONYMIQUE.

LA COMÉDIE ET LA TRAGÉDIE. (*Parallèle.*)

Il s'est trouvé des gens qui *se sont imaginé* que l'esprit et la beauté ne se trouvent que dans les poëmes sérieux, et que les pièces comiques sont des *niaiseries* qui ne méritent pas la louange qu'on leur a trop souvent donnée.

Ce n'est pas mon sentiment, quant à moi. La tragédie, sans doute, a quelque chose de solennel et de *grandiose*, quand elle est bien touchée ; mais la comédie a ses charmes, et je soutiens que l'une, aussi bien que l'autre, présente des difficultés plus grandes qu'on ne se l'est généralement figuré ; et, quant à la difficulté, si vous mettiez un peu plus du côté de la comédie, peut-être ne vous tromperiez-vous pas. Car, enfin, je trouve qu'il est plus aisé de se guinder sur de grands sentiments que d'entrer comme il faut dans le ridicule des hommes, et de rendre agréablement sur la scène les défauts que la société a laissés s'introduire dans son sein. Lorsque vous peignez des héros, vous les faites tels que vous voulez ; ce sont des *portraits* de fantaisie où l'on ne cherche point de ressemblance, et vous n'avez qu'à suivre les traits d'une imagination qui se donne l'essor, et que souvent on a vue laisser le vrai pour attraper le merveilleux. Mais lorsque vous peignez les hommes, il faut peindre d'après nature. On veut que ces *portraits* ressemblent ; et, quelque peine que vous vous soyez donnée, vous n'avez rien fait, si vous n'y faites reconnaître les gens de votre siècle, que vous vous êtes proposé de tourner en ridicule. En un mot, dans les pièces sérieuses, il suffit, pour n'être point blâmé, de dire des choses que le bon sens et le bon goût aient dictées ; mais ce n'est pas assez dans les autres, il faut y plaisanter et faire qu'on *rie*, et c'est une étrange entreprise que celle de faire *rire* les honnêtes gens.

XLVI.

SYNONYMES.

ESPOIR. — ESPÉRANCE.

Désir d'une chose.

L'ESPOIR est un désir qui porte sur un objet prochain, déterminé : ESPOIR *trompeur.* (Acad .)

L'ESPÉRANCE est plus vague, plus incertaine dans son objet, et consiste plutôt dans une disposition habituelle, dans un état constant de l'âme : *Se repaître d'*ESPÉRANCE. (Acad.)

BUT. — TERME.

Fin d'une chose.

Le BUT est fixe ; c'est où l'on veut aller : *Voir le* BUT *où l'on tend. Aller droit au* BUT.

Le TERME est la fin des actions et des choses qui ont quelque étendue de lieu ou de temps : *Être au* TERME *de son voyage.*

CAP. — PROMONTOIRE.

Pointe de terre qui s'avance dans la mer.

Le CAP (du latin *caput*, tête) est simplement une pointe de terre avancée dans la mer.

Le PROMONTOIRE (du latin *pro*, en avant ; et de *mons, montis*, mont, montagne) est aussi une pointe de terre qui s'avance dans la mer, mais une pointe élevée.

DEMEURER. — HABITER. — LOGER.

Se tenir quelque temps dans un certain lieu, dans un certain état.

HABITER indique le séjour habituel et marque une longue résidence.

DEMEURER marque une résidence temporaire.

LOGER se dit par rapport à la maison ou à la partie de la maison dans laquelle on se tient : *Un citadin, c'est-à-dire un homme qui HABITE la ville, passe la belle saison à la campagne, il pourra dire qu'il y A DEMEURÉ tout ce temps. On DEMEURE à Paris; on LOGE au Louvre ou à l'hôtel garni.*

MOMENT. — INSTANT.

Ces mots servent à exprimer les plus petites parties du temps.

Un MOMENT n'est pas long : *Tout dépend de savoir prendre le MOMENT favorable.*

Un INSTANT est encore plus court qu'un MOMENT : *Quelquefois un INSTANT trop tôt, ou trop tard, est tout ce qui fait la différence du succès à l'infortune.*

DICTÉE SYNONYMIQUE.

LE TERME DU VOYAGE.

Vers les huit heures du soir, le vent du nord reprit son cours et l'*espoir* de toucher bientôt au *terme* du voyage ranima la gaîté des pèlerins. Notre pilote allemand nous annonça qu'au lever du jour nous apercevrions le *cap* Saint-Iphane, dans l'île de Chypre. On ne songea plus qu'à jouir de la vie. Tous les soupers furent apportés sur le pont; on était divisé par groupes; chacun envoyait à son voisin la chose qui manquait à ce voisin. J'avais adopté la famille qui *logeait* devant moi; elle était composée d'une femme, de deux enfants et d'un vieillard, père de la jeune pèlerine. Ce vieillard accomplissait pour la troisième fois le voyage de Jérusalem; il n'avait jamais vu le pèlerin latin, et ce bonhomme versait des larmes de joie

en me regardant : je soupai donc avec cette famille.
Je n'ai guère vu de scènes plus pittoresques et plus
agréables. Le vent était frais, la mer belle, la nuit
sereine. La lune avait l'air de se balancer entre les
mâts et les cordages du vaisseau : tantôt elle paraissait hors des voiles, et tout le navire était éclairé ;
tantôt elle se cachait sous les voiles, et les groupes de
pèlerins rentraient dans l'ombre. Qui n'aurait béni la
religion, en songeant que ces deux cents hommes, si
heureux dans ce *moment*, étaient pourtant des esclaves
courbés sous un joug odieux? Ils allaient au tombeau
du Christ oublier la gloire passée de leur patrie, et se
consoler de leurs maux présents. Et que de douleurs
secrètes ne déposeraient-ils pas bientôt à la crèche du
Sauveur! Chaque flot qui poussait le vaisseau vers
le saint rivage emportait une de nos peines.

XLVII.

SYNONYMES.

ORAGE. — TEMPÊTE. — OURAGAN. — BOURRASQUE.

Altération violente du beau temps, causant ou pouvant causer
des désastres.

L'ORAGE est une pluie forte et subite avec éclairs et tonnerres.

La TEMPÊTE est un vent violent avec ou sans tonnerre.

L'OURAGAN est un tourbillon qui, s'élevant tout à coup, devient assez fort pour causer de grands ravages.

La BOURRASQUE est un coup de vent passager en mer.

VIEUX. — ANCIEN. — ANTIQUE.

Qui existe depuis longtemps.

Ces termes enchérissent l'un sur l'autre ; ANTIQUE enchérit sur ANCIEN, et celui-ci sur VIEUX. Une mode est VIEILLE quand elle cesse d'être en usage ; elle est ANCIENNE lorsque l'usage en est entièrement passé ; elle est ANTIQUE lorsqu'il y a déjà longtemps qu'elle est ANCIENNE.

EMPLIR. — REMPLIR.

Rendre plein.

REMPLIR, c'est EMPLIR de nouveau; mais les composés qui prennent la préfixe RE s'emploient plus souvent que leurs simples; on dit REM-PLIR *l'air de ses cris, les étrangers* REMPLISSENT *la ville* (Acad.), *plutôt que* EMPLIR *l'air de ses cris, les étrangers* EMPLISSENT *la ville.*

SURPRISE. — ÉTONNEMENT. — CONSTERNATION.

Émotion plus ou moins forte causée par quelque chose d'inattendu.

La SURPRISE est ordinairement causée par quelque chose d'imprévu : *Éprouver une douce* SURPRISE.

L'ÉTONNEMENT est une forte surprise : *Être saisi, être frappé d'*ÉTONNEMENT.

La CONSTERNATION est un trouble mortel du cœur, causé par quelque événement funeste ou par quelque accident terrible : *Cette perte fut suivie d'une* CONS-TERNATION *universelle.* (Acad.)

CHER. — CHÉRI.

Qui est tendrement aimé.

CHÉRI dit plus que CHER : *Ces enfants sont naturellement* CHERS à *leurs parents; mais s'il s'en trouve un parmi eux qui le soit un peu plus que les autres, un pour lequel ils paraissent avoir une certaine préférence, on dit que cet enfant est leur* CHÉRI, *leur Benjamin.*

DICTÉE SYNONYMIQUE.

L'ARC-EN-CIEL.

A la suite d'un *orage* qui avait jeté tout le monde dans la *consternation*, mais qui fit beaucoup de bien à la nature, parut tout à coup à l'horizon un magnifique arc-en-ciel. Un enfant, qui regardait par la fenêtre, l'aperçut et s'écria plein de joie et de *surprise :* « Non, jamais, depuis que je suis au monde, je n'ai vu de si admirables couleurs! c'est là-bas, près du *vieux* saule, au bord du ruisseau, qu'elles descen-

dent du haut des nuages jusque sur la terre. Oh!
bien sûr que toutes ces belles couleurs doivent tomber
par petites gouttes de chaque feuille de cet arbre.
Courons vite, et *remplissons*-en toutes les coquilles de
ma boîte à couleurs. »

En effet, l'enfant se mit à courir à toutes jambes
vers le saule; mais, à son grand *étonnement* il se
trouva seul, au milieu de la pluie, et ne découvrit
pas la moindre trace de ces couleurs tant désirées.
Mouillé jusqu'aux os, il reprit tristement le chemin de la maison et raconta sa mésaventure à son
père. Celui-ci répondit en souriant : « Mon fils, ces
couleurs ne sont pas celles que l'on peut mettre dans
des coquilles; ce sont tout simplement des gouttelettes
de pluie qui brillent quelques instants à la clarté du
soleil; ces teintes resplendissantes n'ont rien de réel
ni de solide. Il en est de même, mon *cher* enfant,
de toutes les pompes de ce monde, elles nous paraissent être quelque chose, mais ce n'est qu'un vain
éclat. »

XLVIII.

SYNONYMES.

PAUVRE. — MENDIANT. — GUEUX.

Qui n'a pas de biens.

Le PAUVRE possède peu, est exposé au besoin : *En ce pays-là, les paysans sont fort PAUVRES.* (Acad.)

Le MENDIANT sollicite la charité publique : *La police surveille les MENDIANTS.* (Acad.)

Le GUEUX est un homme vil, sale, couvert de haillons, ou un vaurien, un fainéant, un vaga-bond : *La plupart des GUEUX n'ont pas de souliers.*

VOLONTÉ. — INTENTION.

Détermination de l'âme relativement à quelque chose à faire.

La VOLONTÉ est une détermination fixe et relative à quelque chose de prochain : *Telle est ma* VOLONTÉ. (Acad.)

L'INTENTION est moins une détermination qu'un mouvement vague de l'âme relatif à quelque chose d'éloigné : *L'*INTENTION *de votre père est que vous partiez.* (Acad.)

MOURIR. — SE MOURIR.

Cesser de vivre. (Acad.)

MOURIR exprime simplement l'action de cesser de vivre : *Il* EST MORT *subitement.* (Acad.)

SE MOURIR peint l'action de mourir avec tout ce qui l'accompagne ; il fait assister en quelque sorte à l'agonie du mourant, agonie dont il retrace toutes les phases : *L'abbé de Foix* SE MEURT ; *il agonise ; cela est pitoyable.* (Mme de Sévigné.)

PERSONNAGE. — ROLE.

Ces deux termes désignent également l'objet d'une représentation sur la scène.

PERSONNAGE est relatif au caractère de l'objet représenté : *C'est au poète à distinguer les* PERSONNAGES *et à les caractériser.*

RÔLE est relatif à l'art qu'exige la représentation : *C'est à l'acteur à choisir son* RÔLE, *à l'étudier, à le rendre.*

QUALITÉ. — TALENT.

Ce qu'est une personne, qui elle est, ce qui la distingue.

Les QUALITÉS forment le caractère d'une personne, elles sont naturelles : *La première et la plus importante* QUALITÉ *d'une femme est la douceur.* (J.-J. Rousseau.)

Les TALENTS font l'ornement d'une personne, ils sont acquis : *Tous les* TALENTS *ne valent pas une vertu.*

DICTÉE SYNONYMIQUE.

DERNIERS MOMENTS DE SIXTE-QUINT.

La pièce où gisait Sixte-Quint était la seule où les visiteurs, les pèlerins et les *mendiants* n'eussent pas fait main-basse. Une sorte de grandeur et d'éclat semblait relever encore ce dernier sanctuaire, où Sa Sainteté s'était proposé de rendre son âme à Dieu. D'un côté de l'appartement se tenaient ses cardinaux en grand costume; de l'autre, les clercs et les gens de sa maison; au milieu, Sixte-Quint, sur un lit de paille, entouré des pénitenciers de Saint-Pierre en longs manteaux de deuil et des flambeaux à la main, comme attendant le corps pour le descendre au caveau funèbre. Telles avaient été les dernières *volontés* du pontife lui-même. Lorsque Sa Sainteté s'était sentie atteinte mortellement, son premier mot avait été celui de l'orgueil humain : « Il faut qu'un prince *meure*. » Il croyait toujours pouvoir trôner et jouer, jusqu'à la fin, le *rôle* brillant qu'il s'était tracé. Terrassé par la maladie, il redevint humble, et voulut donner au monde le spectacle de sa mort chrétienne et cacher sa pourpre sous la paille. Sa vanité ne devait rien y perdre. Sur cette couche de misère, se lisaient bien mieux les hautes *qualités* qui l'avaient distingué pendant sa vie, et ceux qui assistaient là, attendant sa dernière heure, voyaient encore en lui l'illustre décorateur de Rome et le maître sévère qui les avait fait trembler.

XLIX.

SYNONYMES.

CUPIDITÉ. — AVIDITÉ.

Envie d'avoir.

La CUPIDITÉ est un désir violent.

L'AVIDITÉ est un désir insatiable.

COMPLÉMENT. — SUPPLÉMENT.

Ce qui est ajouté à une chose.

Le COMPLÉMENT est ce qui manque à une chose pour la rendre entière ; le COMPLÉMENT de la solde complète la solde, la rend entière.

Le SUPPLÉMENT est ce qui est ajouté en sous-ordre, secondairement, et qui n'est ni nécessaire, ni obligatoire ; un SUPPLÉMENT de solde est une somme d'argent ajoutée accidentellement à la solde entière.

CENTRE. — MILIEU.

Point situé à égale distance des extrémités d'une chose.

CENTRE se dit de toute figure fermée : Le CENTRE *d'un cercle, d'une sphère,* etc.

MILIEU ne se dit que d'une étendue en longueur : Le MILIEU *d'une ligne.*

Dans le langage ordinaire, on confond souvent ces deux mots, mais CENTRE a toujours un sens plus rigoureux que MILIEU.

BERGER. — PATRE.

Celui qui garde un troupeau.

Le BERGER garde seulement les brebis : *La houlette du* BERGER. (Acad.)

Le PATRE garde toute espèce de bestiaux : brebis, chèvres, vaches, cochons, etc.

Ainsi :

Le mot BERGER a plus de noblesse que le mot PATRE.

PRÉPARATIFS. — APPRÊTS. — APPAREIL.

Dispositions qui précèdent l'exécution d'une chose.

Les PRÉPARATIFS (de *præ*, d'avance, et de *parare*, préparer) se rapportent à une chose future. Les APPRÊTS consistent à tenir les choses *prêtes*, en état pour l'usage qui va en être fait. L'APPAREIL est relatif à l'*apparence*, à l'aspect des choses.

Ainsi :

Un cuisinier commence la veille les PRÉPARATIFS d'un grand dîner ; il passe la matinée à en faire les APPRÊTS ; il n'en dresse l'APPAREIL qu'au moment du service.

DICTÉE SYNONYMIQUE.

LES TRAVAUX DES MINES.

Le règne minéral n'a en soi rien d'aimable et d'attrayant ; ses richesses semblent avoir été enfermées dans le sein de la terre pour ne pas tenter la *cupidité* de l'homme ; elles sont là comme en réserve pour servir un jour de *supplément* aux véritables richesses qui sont plus à sa portée, et dont il perd le goût à mesure qu'il se corrompt. Alors il faut qu'il appelle l'industrie, la peine et le travail au secours de ses misères ; après avoir fait, je ne dirai pas quelques rapides *apprêts*, mais de longs *préparatifs*, il va chercher dans le *centre* de la terre, aux risques de sa vie et aux dépens de sa santé, des biens imaginaires à la place des biens réels qu'elle lui offrait d'elle-même quand il savait en jouir. Il fuit le soleil et le jour, qu'il n'est plus digne de voir ; il s'enterre tout vivant, et fait bien, ne méritant plus de vivre à la lumière du jour. Là, des carrières, des gouffres, des forges, des fourneaux ; un *appareil* d'enclumes, de marteaux, de fumée et de feu, succède aux douces images des travaux champêtres. Les visages hâves des malheureux qui languissent dans les infectes vapeurs des mines, de noirs forgerons, de hideux cyclopes forment le *complément* de ce lugubre tableau. Tel est le spectacle que l'*appareil* des mines substitue, au sein de la terre, à celui de la verdure et des fleurs à sa surface, du ciel azuré, des *pâtres* gardant de grasses génisses, au *milieu* des prairies, des *bergers* faisant paître leurs moutons et des laboureurs conduisant la charrue.

L.

SYNONYMES.

CHANTEUR. — CHANTRE.

Celui qui chante.

CHANTEUR se dit de celui qui chante par métier dans un théâtre, dans les rues, dans certaines réunions d'amis : *La musique en France demande des acteurs ; en Italie, il ne faut que des* CHANTEURS. (Voltaire.)

CHANTRE se dit de celui qui fait métier de chanter à l'église : *Il y a de bons* CHANTRES *à Notre-Dame.* (Acad.)

CHANTRE se dit aussi figurément d'un poëte : *Le* CHANTRE *des jardins, Delille.*

En parlant des oiseaux :

CHANTEUR exprime ce qu'ils font et la manière dont ils le font : *On donne ordinairement au chardonneret le second rang parmi les oiseaux* CHANTEURS.

CHANTRE indique ce qu'ils sont : *Le* CHANTRE *des bois ; les* CHANTRES *du printemps ; les* CHANTRES *ailés.*

COLÈRE. — COURROUX. — EMPORTEMENT.

Mouvement désordonné de l'âme par lequel nous sommes excités contre ce qui nous blesse.

La COLÈRE est un mouvement intérieur qui peut durer long-temps : *Il faut que sa* COLÈRE *se passe.* (Acad.)

Le COURROUX est plus fort que la colère ; il marque à la fois de la supériorité et un profond désir de vengeance : *Qui pourrait soutenir son* COURROUX. (Acad.)

L'EMPORTEMENT est un mouvement extérieur qui éclate avec violence et passe rapidement : *Dans ses* EMPORTEMENTS, *il ne ménage personne.* (Acad.)

ALIMENTS. — NOURRITURE.

Ce qu'on mange dans le but d'entretenir la vie.

Les ALIMENTS sont les choses qu'on mange; ils ne nourrissent pas toujours.

La NOURRITURE est plus particulièrement la chose mangée considérée comme se convertissant en la substance du corps.

Ainsi :

Une personne étique prend des ALIMENTS sans prendre de NOURRITURE.

RÉUSSITE. — SUCCÈS.

Manière dont les choses tournent et arrivent.

RÉUSSITE se dit des événements ordinaires : *La* RÉUSSITE *de cette affaire a dépassé mes espérances.* (Acad.)

SUCCÈS se dit mieux des choses brillantes, glorieuses : *Le* SUCCÈS *suit le grand homme.* (Bonaparte.)

GÉNIE. — TALENT.

Dispositions pour certaines choses.

GÉNIE dit beaucoup plus que TALENT.

Le GÉNIE est la faculté de concevoir, d'imaginer, de créer : *Avoir le* GÉNIE *de la peinture, de la musique.* (Acad.)

Le TALENT est une aptitude particulière pour certaines choses : *La pensée est le premier don de la nature; le* TALENT *de l'exprimer, le premier don de l'art.* (Villemain.)

Le GÉNIE est un don de la nature, le TALENT peut s'acquérir.

DICTÉE SYNONYMIQUE.

LE SERIN ET LE ROSSIGNOL.

Si le rossignol est le *chantre* des bois, le serin est le musicien de la chambre. Le premier tient tout de la nature, le second participe à nos arts. Avec moins de force d'organe, moins d'étendue dans la voix, moins de variété dans les sons, le serin a plus d'oreille, plus de facilité d'imitation, plus de mémoire : et comme la différence du caractère, surtout dans les animaux, tient de très-près à celle qui se trouve entre leurs sens, le serin, dont l'ouïe est plus susceptible de recevoir et de conserver les impressions étrangères, devient aussi plus sociable, plus doux, plus familier ; il est capable de reconnaissance, et même d'attachement ; ses caresses sont aimables, ses dépits innocents, et sa *colère* ne blesse ni n'offense. Ses habitudes naturelles le rapprochent encore de nous : sa *nourriture* consiste en grains ; on l'élève plus aisément que le rossignol, qui ne vit que de chair ou d'insectes, et qu'on ne peut nourrir que de mets préparés. Son éducation plus facile est aussi plus heureuse ; on l'élève avec plaisir, parce qu'on l'instruit avec *succès ;* il quitte la mélodie de son chant naturel pour se prêter à l'harmonie de nos voix et de nos instruments ; il applaudit, il accompagne, et nous rend au delà de ce qu'on peut lui donner. Le rossignol, plus fier de son *talent*, semble vouloir le conserver dans toute sa pureté ; au moins, paraît-il faire assez peu de cas des nôtres : ce n'est qu'avec peine qu'on lui apprend à répéter quelques-unes de nos chansons. Le serin acquiert le *talent* de parler et de siffler ; le rossignol méprise la parole autant que le sifflet, et revient sans cesse à son brillant ramage. Son gosier, toujours nouveau, est un chef-d'œuvre

de la nature, auquel l'art humain ne peut rien changer, rien ajouter : celui du serin est un modèle de
grâces d'une trempe moins ferme, que nous pouvons
modifier.

LI.

SYNONYMES.

ENTOURER. — ENVIRONNER.

Mettre une chose autour d'une autre.

Ce qui ENTOURE touche de plus près à la chose qu'elle entoure ; il forme alentour une chaîne plus serrée ; il a des rapports plus étroits avec elle : *Un anneau* ENTOURE *le doigt. Le pauvre est* ENTOURÉ *de misères.*

Ce qui ENVIRONNE peut être plus ou moins éloigné, plus ou moins détaché, plus ou moins indépendant de la chose ENVIRONNÉE : *Les cieux* ENVIRONNENT *la terre. L'homme est* ENVIRONNÉ *de misères.*

ÉRUDIT. — DOCTE. — SAVANT.

Qui a acquis beaucoup de connaissances par l'étude.

L'ÉRUDIT sait beaucoup de choses ; le DOCTE les sait bien ; le SAVANT sait en tirer les conséquences. Une bonne mémoire et de la patience dans l'étude suffisent pour former un ÉRUDIT ;

ajoutez ici de l'intelligence et de la réflexion, vous aurez un homme DOCTE ; appliquez celui-ci à des matières de spéculation et de science, vous en ferez un SAVANT.

De ces trois mots, SAVANT est le plus usité et le plus général.

LUXE. — FASTE.

Le contraire de la simplicité.

Le LUXE est une dépense excessive, désordonnée ; il joue la richesse et l'opulence.

Le FASTE est une dépense d'apparat, d'éclat ; dérèglement d'esprit et de conduite, il joue la grandeur, la majesté.

CONTER. — RACONTER.

Faire connaître des faits de vive voix ou par écrit.

On CONTE pour l'amusement; on CONTE des faits imaginés, fabuleux, des aventures; CONTER est de la conversation.

On RACONTE pour l'instruction; on RACONTE des faits réels, historiques; RACONTER est de l'instruction.

ÉPOUX; ÉPOUSE. — MARI; FEMME.

Personnes unies par le lien du mariage.

Les mots ÉPOUX, ÉPOUSE ne sont guère usités aujourd'hui qu'en style de pratique et d'administration, ou dans le style élevé et la poésie. Le bon usage, dans tout autre cas, est de dire MARI et FEMME. La femme mariée dit MON MARI et non MON ÉPOUX; l'homme marié dit MA FEMME et non MON ÉPOUSE.

DICTÉE SYNONYMIQUE.

UNE REPARTIE SPIRITUELLE.

Bonaparte, à son retour d'Italie, aimait à s'*entourer* de toutes les illustrations contemporaines. Sa maison était le rendez-vous des *savants* et des artistes. Ce n'était point par l'éclat des richesses, par le *faste* des équipages, par le *luxe* et les dépenses de la table que se distinguait alors celui qui devait bientôt subjuguer l'Europe et habiter le palais des rois. Sa table était frugale, et une *femme* gracieuse en faisait les honneurs; lui-même cherchait à plaire : il avait des éloges pour tous les talents, et chaque trait de sa louange renfermait une pensée. Dans une de ces réunions, Bernardin de Saint-Pierre, Ducis et surtout Collind'Harleville, qui *contait* d'une manière piquante et originale, recueillirent tour à tour les plus flatteuses paroles. Bonaparte parla de ses campagnes d'Italie;

il *raconta* ses plus glorieuses actions avec une énergique concision, comme s'il eût entretenu ses auditeurs des actions les plus ordinaires ; tout en prodiguant la louange, il y paraissait insensible. Cependant, quelques traits heureux épanouirent son visage. On avait pris le café ; madame Bonaparte, s'approchant de son *mari*, lui frappa doucement sur l'épaule, en le priant de faire passer ses convives dans le salon. « Messieurs, dit Bonaparte, je vous prends à témoin : ma *femme* me bat. — Tout le monde sait, reprit vivement Collin-d'Harleville, qu'elle seule a ce privilége. » Ce mot fut fort applaudi, et eut les honneurs de la soirée.

LII.

SYNONYMES.

DESTIN. — DESTINÉE.

Sort particulier d'une personne ou d'une chose.

Le DESTIN est la cause, le personnage mythologique, le dieu qui règle, ordonne, dispose d'une manière immuable tous les événements qui doivent composer notre vie.

La DESTINÉE est l'effet, le résultat de cet ordre, de cette disposition, et pour ainsi dire ces événements en action ; elle est fille du DESTIN.

D'ailleurs :

DESTIN est plus noble que DESTINÉE.

LABOUREUR. — CULTIVATEUR. — AGRICULTEUR.

Celui qui cultive la terre et habite les champs.

Le LABOUREUR est celui dont l'état est de labourer, de cultiver la terre.

Le CULTIVATEUR est un petit propriétaire qui cultive son champ ou son jardin, dont les produits le font vivre, lui et sa famille ; ou bien, c'est un amateur qui s'adonne à un genre particulier de culture.

L'AGRICULTEUR est un grand propriétaire instruit dans la science de cultiver la terre, et qui fait valoir lui-même ses propriétés.

FAMILLE. — MAISON.

Espèce ou classe particulière à laquelle on appartient par la naissance.

Autrefois, FAMILLE se disait plutôt de la bourgeoisie : *Être d'honnête* FAMILLE ; *les* FAMILLES *se font remarquer par les alliances.*

MAISON se disait de la noblesse : *Être de bonne* MAISON ; *les* MAISONS *se font remarquer par les titres.*

ASILE. — REFUGE.

Lieu de sûreté.

L'ASILE est un lieu de sûreté d'où l'on ne peut être arraché : *Les églises étaient autrefois des* ASILES. *Le voyageur égaré cherche un* ASILE.

Le REFUGE est une retraite où l'on se sauve dans un danger pressant que l'on fuit : *Le voyageur poursuivi cherch un* REFUGE. *A Paris, on échappe au danger des voitures au moyen des* REFUGES *établis au centre des places très-fréquentées.*

APAISER. — CALMER.

Faire cesser un trouble.

APAISER (ramener à la paix) suppose un grand trouble : APAISER *un furieux.* (Acad.)

Apaiser se dit d'un retour complet à la paix : *Une juste satisfaction vous* APAISE.

CALMER (rendre calme) suppose un trouble moins grand : CALMER *la douleur.* (Acad.)

Calmer ne marque qu'une diminution dans la violence ou le désordre : *Des paroles douces vous* CALMENT.

DICTÉE SYNONYMIQUE.

LE BONHEUR D'AVOIR DE BONS PARENTS.

Heureux celui que Dieu a fait naître d'une bonne et sainte *famille !* C'est la première des bénédictions de la *destinée ;* et quand je dis une bonne *famille,* je n'entends pas une *famille* noble de cette noblesse que les hommes honorent, et qu'ils enregistrent sur du parchemin. Il y a une noblesse dans toutes les conditions. J'ai connu des *familles* de *laboureurs* où cette pureté de sentiments, où cette chevalerie de probité, où cette fleur de délicatesse, où cette légitimité des traditions qu'on appelle la noblesse, étaient aussi visibles dans les actes, dans les traits, dans le langage, qu'elles le furent jamais dans les plus grandes *maisons* de la monarchie. Il y a la noblesse de la nature comme celle de la société, et c'est la meilleure. Peu importe à quel étage de la rue ou de quelle grandeur dans les champs soit le *refuge* de la piété, de l'intégrité et des tendresses de la famille qui s'y perpétue ! La prédestination de l'enfant, c'est la *maison* où il est né ; son âme se compose surtout des impressions qu'il a reçues. Le regard des yeux de notre mère est une partie de notre âme qui pénètre en nous par nos propres yeux. Quel est celui qui, en revoyant ce regard, seulement en songe ou en idée, ne sent pas descendre dans sa pensée quelque chose qui en *apaise* le trouble et qui en éclaire la sérénité ?

LIII.

SYNONYMES.

ADORER. — HONORER. — RÉVÉRER.

Rendre un culte ou une sorte de culte.

Dans le sens religieux :

On ADORE Dieu, on HONORE les saints, on RÉVÈRE les reliques.

Dans le sens profane :

ADORER, c'est aimer avec passion : *Cette mère est folle de son fils ; elle l'*ADORE. (Acad.)

HONORER, c'est avoir un grand respect : HONORE *ton père et ta mère.*

RÉVÉRER, c'est avoir un très-grand respect, une très-haute considération : *Tous les peuples* RÉVÈRENT *la vertu.*

SE MÉFIER. — SE DÉFIER.

Éprouver un sentiment, avoir une disposition contraire à la confiance.

SE MÉFIER marque une disposition passagère : *Je me* MÉFIE *d'un homme qui ne me paraît pas franc.*

SE DÉFIER exprime une disposition habituelle, et dit, par conséquent, plus que SE MÉFIER : *Je me* DÉFIE *d'un fourbe avéré.*

COURAGE. — BRAVOURE. — VALEUR.

Disposition de l'âme qui nous rend fermes dans le danger et dans la résolution de faire notre devoir.

Le COURAGE est plus raisonné ; la BRAVOURE, plus instinctive. Le COURAGE est dans tous les événements de la vie ; la BRAVOURE n'est qu'à la guerre ; la VALEUR est partout où il y a un péril à affronter et de la gloire à acquérir.

VAINQUEUR. — VICTORIEUX.

Qui a remporté la victoire.

VAINQUEUR marque l'action de vaincre : *César fut* VAINQUEUR *de Pompée à Pharsale.*

VICTORIEUX marque le résultat de l'action de vaincre, et, par conséquent, l'état : *Le Christ est sorti* VICTORIEUX *du tombeau.*

BATAILLE. — COMBAT.

Engagement de deux partis ennemis.

La BATAILLE est un engagement général et préparé :

Le COMBAT est un engagement particulier et le plus souvent imprévu :

Mille petits COMBATS *suivirent la* BATAILLE *de Moncontour.* (Voltaire.)

DICTÉE SYNONYMIQUE.

CONVERSION DE TURENNE.

Le *combat* intérieur où Turenne n'avait que Dieu pour spectateur, où il avait mille ennemis secrets qui s'étaient toujours opposés à son salut, où il s'agissait, non d'une couronne qui se flétrit sur la tête

du *vainqueur*, mais de cette couronne immortelle que
Dieu a préparée à ceux qui le servent en esprit et en
vérité, a été l'occasion de la plus noble victoire qu'il
ait remportée. Il a employé pour se vaincre lui-même
plus d'art, plus de sagesse et plus de *courage* qu'il n'en
avait jamais employé à vaincre les autres ; et, comme
le premier pas vers la victoire est de bien connaître
les ennemis qu'on s'est proposé de vaincre, Turenne
n'a rien oublié, durant un long temps, pour reconnaître quels étaient le fort et le faible de sa première
religion qui, par une grâce singulière du Ciel, lui était
devenue suspecte. Il a écouté tous les avis qu'on lui
a donnés, et a frappé à la porte de la vérité par les
prières, les larmes même. Il s'est *défié* d'autrui et de
lui-même ; et, s'abandonnant tout entier à la conduite
du Dieu qu'il cherchait avec tant de sincérité, il a
triomphé dans son esprit de la vieille erreur que le
malheur de son éducation y avait établie ; il a triomphé dans son cœur de la mauvaise honte qui, parmi
les hommes, fait passer pour faiblesse un changement, lors même qu'il conduit à la vérité ou à la
vertu ; il a mis sa gloire à brûler ce qu'il avait jusqu'a-
lors *adoré*, et à entrer avec autant d'humilité que de
courage dans le sein de cette Église qui, charmée de
ses vertus, soupirait depuis si longtemps après l'acquisition d'un tel fils.

LIV.

SYNONYMES.

PRÉCIPICE. — GOUFFRE. — ABIME.

Profondeur considérable.

Le PRÉCIPICE a des bords glissants et périlleux : *Ce chemin est bordé de* PRÉCIPICES. (Acad.)

Le GOUFFRE est là béant pour saisir et faire disparaître tout ce qui y tombe ou en approche : *Dans les endroits de la mer où l'eau tournoie, il y a ordinairement un* GOUFFRE. (Acad.)

L'ABIME est d'une profondeur immense, on ne peut le sonder, en trouver le fond, on s'y perd : *Par un tremblement de terre il s'est fait là un* ABIME. (Acad.)

EXPRIMER. — RENDRE.

Faire connaître, représenter quelque chose.

EXPRIMER indique une action vive, forte, frappante, qui fait beaucoup *d'impression* : *Ses yeux* EXPRIMAIENT *la reconnaissance. J'*EXPRIMAIS *ma douleur par des larmes, par des cris. Cette pensée est belle, mais elle est mal* EXPRIMÉE. (Acad.)

RENDRE, redonner, a rapport à l'exactitude et se dit surtout d'un imitateur, d'un traducteur, d'un rapporteur, ou d'un peintre qui peint d'après nature : *Cette copie ne* REND *pas bien l'original. Ce portrait* REND *bien cette figure. Cherchez à* RENDRE *le sens plutôt qu'à traduire chaque mot.* (Acad.)

COUVENT. — MONASTÈRE.

Maison religieuse.

Un COUVENT (du latin *cum*, avec, et de *venire*, venir, venir ensemble, s'assembler) est un lieu de retraite où l'on se met pour vivre *en commun*, sous une même règle religieuse : *Les* COUVENTS *du moyen âge ont rendu de grands services aux lettres.*

Un MONASTÈRE (du grec *monos*, seul) est une habitation de moines ; l'idée propre de MONASTÈRE est celle de *solitude*, parce que, primitivement, les moines étaient isolés les uns des autres : ce ne fut que plus tard qu'ils se réunirent et formèrent loin des villes ces vastes établissements dont chacun était comme un monde à part. (Lafaye.) *Dagobert passa pour un prince très-pieux, car il donna beaucoup aux* MONASTÈRES. (Voltaire.)

SE LEVER. — S'ÉLEVER.

Aller en haut, vers le ciel.

On SE LÈVE en se dressant ou en se mettant debout : *Cet enfant s'est levé sur ses pieds. Nos mains suppliantes SE LÈVENT au ciel.*

On S'ÉLÈVE en se plaçant dans un lieu plus haut : *L'aigle s'ÉLÈVE fort haut. Des cris perçants S'ÉLÈVENT vers le ciel.*

PLAINTE. — COMPLAINTE.

Expression de la peine, de la douleur que l'on ressent.

La PLAINTE ne consiste qu'en quelques mots, et souvent en un seul cri que la douleur arrache : *Mon Dieu, mon Dieu! que je suis malheureux!*

La COMPLAINTE est une suite et, pour ainsi dire, une accumulation de plaintes, ou un ensemble de lamentations ennuyeuses et fatigantes : *Un client ennuyeux vous harcèle de ses COMPLAINTES.*

La COMPLAINTE est aussi une chanson populaire dont l'auteur déplore, en style de Jérémie, les malheurs de quelqu'un.

DICTÉE SYNONYMIQUE.

LE MONASTÈRE DE KANOBIN.

Kanobin fut fondé, assurent les moines maronites, par Théodose le Grand. La vallée où il se trouve ressemble à une vaste nef naturelle dont le ciel est le dôme, les crêtes du Liban les piliers, et les innombrables cellules que les ermites se sont creusées dans les flancs des rochers, les chapelles. Ces ermitages sont suspendus sur des *précipices* qui semblent inabordables; il y en a, comme des nids d'hirondelles, à toutes les hauteurs des parois de la vallée; les uns ne sont qu'une grotte creusée dans la pierre, les autres de petites maisonnettes bâties entre les racines de quelques arbres, sur les corniches avancées de la montagne. La plume ni le pinceau ne sauraient *rendre* la multitude et le pittoresque de ces retraites : chaque pierre semble avoir enfanté sa cellule, chaque grotte son ermite; chaque source a son mouvement et sa vie, chaque arbre son solitaire sous son ombre.

Pendant que nous visitions le *monastère*, le soleil est tombé; alors les travaux du jour ont cessé, et toutes les figures noires qui s'étaient répandues dans la vallée sont rentrées dans le monastère, les cloches ont sonné de toutes parts l'heure du recueillement : les unes, avec la voix forte et vibrante des grands vents sur la mer; les autres, avec les voix légères et argentines des oiseaux dans les champs de blé; celles-ci, plaintives et lointaines, comme des soupirs dans la nuit et dans le désert. Toutes ces cloches se sont répondu, et les mille échos de la vallée se les sont renvoyées avec le bruit des torrents et des cèdres, des cascades et des sources; puis il s'est fait un moment de silence, et un nouveau bruit plus doux, plus mélancolique et plus grave a rempli la vallée : c'étaient les chants religieux des ermites. Ces chants *s'élevant* à la fois du monastère, de chaque église, de chaque oratoire, de chaque cellule, se sont mêlés, se sont confondus en montant; on eût dit une seule *plainte* mélodieuse de la vallée tout entière qui venait de prendre une âme et une voix; puis un nuage a parfumé cet air que les anges auraient pu respirer.

LV.

SYNONYMES.

MAUVAIS. — MÉCHANT. — CHÉTIF.

Ces mots se disent des choses qui ne sont pas bonnes.

Les défauts, les vices rendent une chose MAUVAISE.

Le peu de valeur ou l'insuffisance rend une chose MÉCHANTE ou CHÉTIVE.

Une MAUVAISE *nourriture est contraire à la santé; une* MÉCHANTE *ou* CHÉTIVE *nourriture est maigre ou pas assez abondante.* (Fénelon.

OUVRIER. — TRAVAILLEUR.

Gens qui travaillent des mains.

L'OUVRIER se considère selon le mérite de sa main-d'œuvre ; le bon OUVRIER fait bien : *A l'œuvre on connaît l'*OUVRIER. (Acad.)

Le TRAVAILLEUR se considère, lui, par rapport au déploiement de ses forces , et non par rapport à l'ouvrage qui sort de ses mains; le bon TRAVAILLEUR ne s'épargne pas, il fait beaucoup en peu de temps.

FEU. — FLAMME.

Ce qui donne la chaleur.

Le FEU est simplement chaud; il peut couver sous la cendre.

La FLAMME se montre, brille et se meut ou s'agite.

Ainsi :

FLAMME renchérit sur FEU ; la FLAMME est un FEU qui éclate.

Même différence au figuré.

CABANE. — CHAUMIÈRE.

La CABANE est une petite et chétive habitation construite en terre, en branchages, en roseaux, en bruyère, etc.; c'est proprement la maison du pauvre.

La CHAUMIÈRE est une petite maison couverte en chaume ; elle n'exclut pas l'idée d'aisance ; c'est la demeure du laboureur.

6.

GRAIN. — GRAINE.

Fruit propre à être semé.

Le GRAIN est une semence de lui-même, c'est-à-dire qu'il est aussi le fruit qu'on doit en recueillir : *On sème des GRAINS de blé, d'avoine, pour avoir de ces mêmes GRAINS.*

La GRAINE est une semence de choses différentes, c'est-à-dire qu'elle n'est pas elle-même le fruit qu'elle doit produire : *On sème des GRAINES pour avoir des melons, des fleurs, etc.*

Au figuré, même différence de signification : *Tel a sa mémoire chargée des sages et prudentes maximes des grands hommes, qui n'a pas lui-même un GRAIN de bon sens. Il est difficile que d'une mauvaise GRAINE il vienne un bon fruit.* (Guizot.)

DICTÉE SYNONYMIQUE.

LE ROUGE-GORGE.

Quand, par les premières brumes d'octobre, un peu avant l'hiver, le pauvre prolétaire vient chercher dans la forêt sa *chétive* provision de bois mort, recueillir le peu de branches sèches que le vent a abattues, un petit oiseau, qui passe sa vie entre la *cabane* du pauvre et la *chaumière* du laboureur, et se nourrit de quelques *graines* sauvages, s'approche de lui, attiré par le bruit de la cognée ; il circule à ses côtés et s'ingénie à lui faire fête en lui chantant tout bas ses plus douces chansonnettes. C'est le rouge-gorge, qu'une fée charitable a député vers le *travailleur* solitaire, pour lui dire qu'il y a encore quelqu'un dans la nature qui s'intéresse à lui. Quand le bûcheron a rapproché l'un de l'autre les tisons de la veille, engourdis dans a cendre ; quand le copeau et la branche sèche pétillent dans le *feu*, le rouge-gorge accourt en chantant pour prendre sa part de *la flamme* et des joies du bûcheron. Quand la nature s'endort et s'enveloppe de son manteau de neige; quand on n'entend plus d'autre voix que celle des oiseaux du Nord, qui dessinent dans l'air leurs triangles rapides, ou celle de la bise qui mugit autour des *méchantes* cabanes, un petit chant flûté, modulé à voix basse, vient protester encore au nom du travail créateur contre l'atonie universelle, le deuil et le chômage. Ouvrez, de grâce, donnez-lui quelques miettes, un peu de *grain*. Pour peu que des visages amis se laissent voir, il entrera dans la chambre, mais il n'y restera pas longtemps, il retournera se mêler, se populariser parmi les petits troglodytes qui habitent avec nous et charment les *chaumières* du laboureur par leurs notes limpides.

LVI.

SYNONYMES.

AMUSER. — DIVERTIR.

Occuper plus ou moins légèrement son esprit.

DIVERTIR est plus fort que AMUSER.

AMUSER, c'est occuper légèrement l'esprit, c'est tromper le temps, l'ennui : *Il ne faut rien, il ne faut qu'une mouche pour l'*AMUSER. (Acad.)

DIVERTIR, c'est occuper agréablement l'esprit, c'est le faire jouir du temps : *Nous nous sommes bien* DIVERTIS. DIVERTISSONS-*nous*. (Acad.)

MALICE. — MALIGNITÉ. — MÉCHANCETÉ.

Disposition à nuire, à faire du mal.

Il y a dans la MALICE de la facilité et de la ruse, peu d'audace, point d'atrocité. Il y a dans la MALIGNITÉ plus de suite, plus de profondeur, plus de dissimulation, plus d'activité que dans la MALICE.

La MALIGNITÉ n'est pas aussi dure ni aussi atroce que la MÉCHANCETÉ ; elle fait verser des larmes, mais elle s'attendrirait peut-être si elle les voyait couler.

Ainsi :

Les trois mots MALICE, MALIGNITÉ, MÉCHANCETÉ forment une gradation ascendante.

ORGUEIL. — PRÉSOMPTION. — VANITÉ.

Opinion trop avantageuse de soi-même.

L'ORGUEIL fait que nous nous estimons; la VANITÉ, que nous voulons être estimés; la PRÉSOMPTION, que nous croyons pouvoir venir à bout de tout.

BÊTISE. — SOTTISE.

Défaut d'intelligence, de bon sens.

La BÊTISE consiste en des idées bornées. On dit des BÊTISES quand on parle avec ignorance sur ce que tout le monde sait.

La SOTTISE consiste en des idées fausses. On dit des SOTTISES quand on parle de travers sur ce que l'on croit savoir.

BÉVUE. — MÉPRISE. — ERREUR.

L'idée d'une chose faite pour une autre est commune à ces trois mots.

La BÉVUE est le résultat de la légèreté, de l'inexpérience, de la passion.

On commet une MÉPRISE quand on fait un mauvais choix, quand on fait une chose pour une autre.

L'ERREUR vient d'un écart de raison, d'une fausse opinion que l'on adopte sans examen ou par ignorance.

DICTÉE SYNONYMIQUE.

LA SOTTISE ET LA BÊTISE.

La *sottise* est un ridicule choquant qui n'excite que le mépris. On s'en *amuse* avec *malignité*, et l'on se plaît à le voir humilié, parce qu'il offense. La *bêtise*, au contraire, est un défaut innocent et naïf, dont on s'*amuse* sans le haïr. On passerait sa vie avec celui dont la *bêtise* est le caractère; la *vanité* s'en accommode, ou, pour mieux dire, elle s'y complaît. Mais la *sottise* est pour l'amour-propre un ennui d'autant plus importun, qu'il n'est pas digne de sa colère ; aussi, dans la société, n'est-il rien de plus fatigant. La *sottise* est la gaucherie de l'esprit qui se pique d'adresse ; c'est une assurance hardie, qui va de *bévue* en *bévue* avec une pleine sécurité ; une *vanité* dédaigneuse qui se croit supérieure en toutes choses, et dont les prétentions, toujours manquées et toujours intrépides, sont le contraste perpétuel d'une *orgueil* excessif et d'une excessive médiocrité. La *bêtise* est tout simplement une longue enfance de l'esprit, un dénûment presque absolu d'idées, ou une extrême inhabileté à les combiner et à les mettre en œuvre ; et, comme elle nous donne sur elle un avantage qui flatte notre *vanité*, elle nous *amuse* sans nous causer ce plaisir plein de *malignité* que nous goûtons à voir châtier la sottise. Ainsi, la *sottise* est comique et n'est point plaisante ; la *bêtise*, au contraire, est plaisante et n'est point comique. (Marmontel.)

LVII.

SYNONYMES.

VOIE. — ROUTE. — CHEMIN.

Terrain sur lequel on passe pour se rendre d'un lieu à un autre.

Voie est le terme général ; ainsi, la voie publique est tout aussi bien une rue, une promenade, qu'un chemin ou une route.

La route est une voie ordinaire et fréquentée ; et c'est pour cela qu'elle a servi à former le mot routine : *La* route *de Paris à Lyon.*

Chemin signifie le terrain qu'on suit et dans lequel on marche : Chemin *de traverse ;* chemin *impraticable.* (Acad.)

RECONNAISSANCE. — GRATITUDE.

Souvenir de bienfaits reçus.

La GRATITUDE est l'état d'une personne qui sait gré ; la GRATITUDE est dans le cœur ; elle ne compte pas ce qu'elle rend, elle doit toujours.

La RECONNAISSANCE est l'action de reconnaître qu'on est redevable ; elle est dans la mémoire ; elle rend ce qu'elle doit, elle s'acquitte.

SILENCIEUX. — TACITURNE.

Qui ne parle pas.

L'homme SILENCIEUX parle peu ; il se tait même lorsqu'il pourrait parler : *Les hommes méditatifs sont* SILENCIEUX. (Acad.)

L'homme TACITURNE ne parle pas, il garde un silence opiniâtre, lors même qu'il devrait parler : *Un homme morne et* TACITURNE.

Ainsi :

TACITURNE dit beaucoup plus que SILENCIEUX.

VALEUR. — PRIX.

Ce qu'une chose vaut ou coûte.

Le mérite intrinsèque des choses en fait la VALEUR ; l'estimation en fait le PRIX : *Ce n'est pas être connaisseur que de juger de la VALEUR des choses par le* PRIX *qu'elles coûtent.*

ASSEZ. — SUFFISAMMENT.

Autant qu'il faut.

ASSEZ a rapport à la quantité qu'on veut avoir :

SUFFISAMMENT a rapport à la quantité qu'on veut employer :

L'avare n'a jamais ASSEZ *d'argent ; le prodigue n'en a jamais* SUFFISAMMENT.

DICTÉE SYNONYMIQUE.

LA SOURCE D'EAU VIVE.

Trois voyageurs se rencontrèrent près d'une source d'eau vive placée au bord d'un *chemin*. Une large coupe de pierre en recueillait l'eau, et le ciseau de l'ouvrier qui l'avait creusée y avait en même temps gravé ces mots, adressés à chacun des passants : RES-

SEMBLE A CETTE SOURCE. Leur soif étanchée, les trois voyageurs lurent l'inscription et en cherchèrent le sens. C'est un conseil, dit le premier, qu'à ses guêtres de cuir, à sa ceinture gonflée et au ballot qui chargeait ses épaules, on pouvait reconnaître pour un marchand; la source coule toujours, elle va au loin, elle se grossit en *route* de mille ruisseaux, qui en font une rivière, et semble nous dire, par son exemple : « Sois actif, ne t'arrête jamais, et tu prospèreras! »

Le vieillard, qui portait un livre à la main, secoua la tête : « Il y a ici une leçon plus haute, dit-il; cette fontaine, qui s'offre à tous les voyageurs altérés sans leur demander ni payement ni *reconnaissance*, dit clairement à chaque homme : « Fais le bien pour l'amour de Dieu, et ne cherche de récompense qu'en lui. »

Les deux voyageurs se turent; le troisième restait *silencieux*. C'était un adolescent aux cheveux blonds, qui se séparait pour la première fois de sa mère. Ses compagnons le prièrent de donner aussi son explication; alors il baissa les yeux, rougit beaucoup, puis, s'enhardissant : « Cette description me dit autre chose. Qu'importerait l'éternel mouvement de son eau offerte à notre soif, si la corruption l'avait troublée? Ce qui fait son *prix*, c'est seulement sa limpidité. Nous inviter à lui ressembler, c'est nous dire de conserver notre âme *assez* pure pour refléter, comme cette source d'eau vive, toutes les fleurs de la terre et tous les rayons du ciel! »

LVIII.

SYNONYMES.

INFLUENCE. — POUVOIR.

Action plus ou moins forte sur l'esprit ou la volonté d'une personne.

L'INFLUENCE n'est qu'une demi-action sur la volonté de quelqu'un.	Le POUVOIR est une influence puissante, qui fait qu'on n'a pas la force de nous résister.

Ainsi :

INFLUENCE dit moins que POUVOIR.

OMBRE. — OMBRAGE.

Obscurité causée par l'interception de la lumière.

L'OMBRE peut être produite par un corps simple ou de peu d'étendue. On est à l'OMBRE dans une grotte, derrière un mur.	L'OMBRAGE suppose toujours quelque étendue, et résulte de l'ensemble ou de la réunion des branches et des feuilles des arbres. On est sous l'OMBRAGE dans un bosquet ou sous une allée d'arbres.

GARANTIR. — PRÉSERVER. — SAUVER.

Mettre à couvert contre quelque chose de fâcheux.

On GARANTIT d'un mal actuel ou certain, ou immanquable ; on PRÉSERVE d'un mal futur, éventuel, possible, auquel on ne peut guère s'attendre ; on SAUVE en rendant sain et sauf, en délivrant d'un péril imminent.

On est GARANTI par la résistance, PRÉSERVÉ par la vigilance, SAUVÉ par les secours.

RÊVE. — SONGE.

Idées qui nous viennent pendant le sommeil.

Le RÊVE a quelque chose d'incohérent, d'extravagant, d'absurde : *Il a été toute la nuit dans de fâcheux* RÊVES.	Le SONGE a quelque chose de plus lié, de plus suivi et laisse une impression plus durable : *Expliquer, interpréter les* SONGES. (Acad.)

La même différence de signification se retrouve au figuré : *La vie est un* SONGE, *et nos projets sont des* RÊVES.

MÉMOIRE. — SOUVENIR.

Idées acquises précédemment et qui se présentent à l'esprit.

La MÉMOIRE est proprement la faculté par laquelle l'âme conserve et réveille en elle-même des SOUVENIRS.

Ainsi :

La MÉMOIRE est la faculté, le SOUVENIR n'en est que l'acte ; mais ces deux mots sont souvent confondus dans l'emploi ; cependant le premier dit plus que le second.

DICTÉE SYNONYMIQUE.

LE VIEUX CHÊNE DU VILLAGE.

Les vieux arbres exercent non-seulement une impression toute particulière sur le paysage, mais ils ont encore une *influence* secrète sur nos pensées. Nous comparons leur longévité à notre courte existence. Le gros chêne du village était déjà vieux lorsque nous étions enfants, et il n'a pas changé. Les générations ont passé sous son *ombrage ;* la naissance et la mort n'ont laissé pour lui qu'une série de printemps et d'automnes à peine marquée par son accroissement. Notre respect pour la vieillesse se reporte sur ce géant du monde végétal, et nous l'entourons d'une sorte de culte religieux qui le *préserve* de la destruction. Qui donc n'a laissé un libre cours à ses pensées sous l'inspiration du vieux chêne? Qui n'a assisté, couché sous son *ombrage*, à ces délicieuses soirées d'été que nulle expression ne saurait rendre, lorsque la brise attiédie frémit doucement dans les rameaux de l'arbre séculaire, et descend ensuite vous envelopper de son charme ; lorsque le rossignol fait entendre ses chants mélodieux sur la lisière du bois, et que les *ombres* des collines s'allongent lentement jusqu'à vos pieds? Alors les bruits de la terre cessent un moment, il y a trêve entre le drame du jour et les scènes de la nuit; c'est le règne du silence et des méditations. O vous qui pouvez saisir ces instants de bonheur, ne quittez pas la réalité pour les *rêves* de l'ambition, pour les illusions de la vie; restez près du chêne de vos pères; là, donnez audience à la misère et au malheur, et quand les frimas auront dépouillé l'arbre de son riant feuillage, vous aurez encore le *souvenir* et l'espérance. (D'après H. Lecoq.)

LIX.

SYNONYMES.

ROC. — ROCHE. — ROCHER.

Masse de pierre dure et fixée dans le sol.

Le ROC est une masse de pierre très-dure qui tient à la terre.

La ROCHE est moins dure que le roc; elle entre moins dans la terre, et elle est quelquefois isolée.

Le ROCHER est un roc très-élevé, très-escarpé, et terminé en pointe.

CONDUIRE. — MENER.

Diriger vers un lieu.

Au propre :

CONDUIRE (*cum*, avec, et *dux*, chef), c'est marcher à la tête, commander, diriger la marche : *Le pilote* CONDUIT *le vaisseau.*

MENER (*manus*, main), c'est entraîner avec soi, se faire suivre soit par force, soit par adresse : *Les vents* MÈNENT *le vaisseau.*

Au figuré :

CONDUIRE suppose une supériorité de lumières: *Il a bien* CONDUIT *cette affaire.*

MENER suppose plus de crédit, plus d'ascendant: *C'est un pauvre homme, il se laisse* MENER. (Acad.)

GÉMISSEMENT. — PLAINTE. — LAMENTATION.

Manières diverses d'exprimer par la voix un sentiment de douleur.

Dans le GÉMISSEMENT, la voix n'est pas articulée ; les gémissements sont plus ou moins pitoyables.

Dans la PLAINTE, la voix est articulée ; les plaintes sont plus ou moins fondées.

LAMENTATION enchérit sur les deux mots précédents ; c'est une grande démonstration de douleur : *Ce ne sont partout que cris lugubres e* LAMENTATIONS. (Bourdaloue.)

CASSER. — ROMPRE. — BRISER.

Mettre de force un corps solide en morceaux, en pièces.

CASSER, c'est détruire la continuité d'un corps en le choquant, en le heurtant, en le frappant. On CASSE le verre, la glace, la porcelaine, la faïence, le marbre, etc.

ROMPRE, c'est détruire la connexion des parties d'un corps, en faisant un effort pour le ployer.

On ROMPT le pain, l'hostie, un bâton, des nœuds, des fers, etc.

BRISER, c'est réduire un corps en mille pièces, en mille morceaux. Ainsi, on BRISE une glace en la CASSANT en mille morceaux.

DICTÉE SYNONYMIQUE.

JÉRUSALEM ET SES ENVIRONS.

L'aspect général des environs de Jérusalem peut se peindre en peu de mots : montagnes sans ombre, vallées sans eau, terre sans verdure, *rochers* sans terreur et sans grandiose ; quelques blocs de pierre grise perçant la terre friable et desséchée par les rayons d'un soleil brûlant ; de temps en temps, un figuier, rarement une gazelle ou un chacal se glissant furtivement entre les bristires du *rocher ;* quelques plants de vigne rampant sur la cendre grise et rougeâtre du sol ; de loin en loin, un bouquet de pâles oliviers jetant une petite tache d'ombre sur les flancs escarpés d'une colline; à l'horizon, un térébinthe ou un noir caroubier se détachant triste et seul du bleu du ciel, les murs et les tours grises des fortifications de la ville, apparaissant de loin sur la crête de Sion; du côté de l'Arabie, un large gouffre descendant entre les montagnes noires, et *conduisant* les regards jusqu'aux flots éblouissants de la mer Morte et à l'horizon violet des montagnes de Moab; pas un souffle de vent murmurant dans les créneaux ou entre les branches sèches des oliviers, pas un oiseau chantant ni un grillon criant dans le sillon sans herbe; un silence complet dans la ville, sur les chemins, dans la campagne; d'heure en heure, le chant mélancolique du muezzin criant l'heure du haut des minarets, ou les *lamentations* cadencées des pleureurs turcs, accompagnant en longues files les pestiférés aux différents cimetières. Voilà l'aspect de Jérusalem et de ses environs. Jérusalem, où l'on vient visiter un sépulcre, est bien elle-même le tombeau d'un peuple, tombeau dont on a *brisé* la pierre et dont les cendres semblent recouvrir la terre qui l'entoure, de deuil, de silence et de stérilité. (CHATEAU-BRIAND.)

LX.

SYNONYMES.

RÉPUTATION. — CONSIDÉRATION. — NOM. — RENOM. — RENOMMÉE. — CÉLÉBRITÉ.

Place qu'on occupe dans l'opinion des hommes.

La RÉPUTATION est le terme général, le plus commun de tous et le plus faible.

La CONSIDÉRATION est une haute réputation; elle peut être produite par nos qualités personnelles.

Le NOM se dit de ce qui est

commu, tiré de l'obscurité, distingué.

Le RENOM est le redoublement du nom ; il renchérit sur le nom ; il ne désigne pas seulement une grande, mais une très-grande réputation.

La RENOMMÉE est le renom dans toute son étendue ; c'est une réputation vaste, glorieuse, universelle.

La CÉLÉBRITÉ est une réputation qui s'acquiert par les talents de l'esprit, et qui donne une place dans la mémoire et dans l'estime des gens instruits.

EXPÉRIENCE. — ESSAI. — ÉPREUVE.

Par ces trois choses, on apprend à connaître ce qu'on ignorait.

L'EXPÉRIENCE a pour but de constater la réalité d'une chose : *Des* EXPÉRIENCES *de physique, de chimie ;* l'ESSAI en détermine l'usage, en fixe l'emploi : *Faire l'ES-*SAI *d'une machine ;* L'ÉPREUVE en fait connaître les bonnes ou les mauvaises qualités : *Je vous donne cette montre à l'*ÉPREUVE. (Acad.)

TONNERRE. — FOUDRE.

Le phénomène électrique qui se produit dans les orages.

Le TONNERRE est un bruit, une explosion terrible qui se fait dans les airs : *Le* TONNERRE *commençait à gronder.*

La FOUDRE est la matière enflammée, le feu du ciel qui s'échappe de la nue d'une manière rapide et impétueuse, et quelquefois tombe à terre, où il embrase, tue et détruit : *La* FOUDRE *brille dans les airs.*

DÉCOUVERTE. — INVENTION.

Chose importante nouvellement trouvée.

La DÉCOUVERTE ajoute à nos connaissances quelque chose qui était caché ; elle est du domaine de la science ; c'est l'observation qui joue le principal rôle : *La* DÉCOUVERTE *de l'Amérique.*

L'INVENTION nous fait connaître des choses qui n'existaient pas ; elle est du domaine de l'art : *L'*INVENTION *du baromètre est due à Pascal.*

DICTÉE SYNONYMIQUE.

LE PARATONNERRE.

L'*invention* du paratonnerre est due à Benjamin Franklin, né à Boston au commencement du xviiie siècle. De petits livres d'économie domestique commencèrent sa *réputation ;* ses qualités personnelles lui valurent la *considération* de toutes les personnes qui le connaissaient. Bientôt il se fit un *nom* glorieux, je pourrais même dire qu'il acquit de la *célébrité* dans les sciences. Il reconnut et démontra, par des *expériences* certaines, la distribution de l'électricité sur la surface intérieure et sur la surface extérieure des bouteilles de Leyde. Il constata le premier le pouvoir qu'ont les pointes de déterminer lentement, et à distance, l'écoulement de l'électricité, et conçut le projet de faire descendre ainsi sur la terre l'électricité des nuages, si toutefois les éclairs et la *foudre* étaient les effets de l'électricité. Un jeu d'enfant lui servit à résoudre son hardi problème. Un jour que le temps était orageux, que le *tonnerre* grondait, il lança un cerf-volant, suspendit une clef au bas de la corde et essaya d'en tirer des étincelles. Sa patience fut assez longtemps mise à l'*épreuve ;* il ne réussissait pas ; mais une petite pluie étant survenue mouilla la corde, lui donna un faible degré de conductibilité, et, à sa grande joie, Franklin vit le phénomène s'opérer comme il l'avait espéré. Si la corde avait été plus humide ou le nuage plus intense, il aurait été tué, et sa *découverte* périssait probablement avec lui. Franklin comprit le parti qu'on pouvait tirer de cette *invention* pour préserver les édifices de la *foudre*. Ainsi naquirent les paratonnerres, qui furent, en peu de temps, adoptés en Amérique et en Europe.

LXI.

SYNONYMES.

MONTAGNE. — MONT.

Masse considérable de terre et de roche qui s'élève au-dessus
de la plaine.

MONTAGNE dit plus que mont.
La montagne est une suite continue d'élévations : *Les* MONTAGNES
d'Auvergne; une chaîne de MON-
TAGNES.

Le MONT est une élévation
simple, isolée, qui s'aperçoit ou
est supposée s'apercevoir d'un
seul coup d'œil : *Le* MONT *Vé-
suve; le* MONT *St.-Bernard.*

BORD. — COTE. — RIVE. — RIVAGE.

Endroit de la terre où les eaux viennent aboutir.

Le BORD touche l'eau; la COTE s'élève au-dessus; la RIVE et le RI-
VAGE sont ses limites; le RIVAGE est une rive étendue.

La mer a seule des COTES; la mer, les fleuves, les grandes rivières
ont des RIVES; toutes les eaux ont des BORDS.

CHATEAU. — PALAIS.

Habitation splendide.

PALAIS dit plus que CHATEAU; les rois, les princes ont des PALAIS;
les seigneurs ont des CHATEAUX dans leurs terres.

DATE. — ÉPOQUE.

Partie déterminée de la durée.

La DATE est le point fixe du
temps où un événement a eu lieu :
Le 10 août 1792 est une DATE
fameuse dans notre histoire.

ÉPOQUE dit plus que DATE. Ce
mot désigne toute partie du temps
considéré par rapport à ce qui s'y
passe : *L'*ÉPOQUE *des Croisades
s'étend de 1095 à 1270.*

DICTÉE SYNONYMIQUE.

LE LAC LÉMAN ET SES BORDS.

Le lac Léman, c'est la mer de Naples; c'est son ciel bleu, ce sont ses eaux bleues, et, plus encore, ses *montagnes* sombres, qui semblent superposées les unes aux autres, comme les marches d'un escalier du ciel; seulement, chaque marche a trois mille pieds de haut; puis, derrière tout cela, apparaît le front neigeux du *mont* Blanc, géant curieux qui regarde le lac, et dont, à chaque échappée de vue, on aperçoit les robustes flancs. Aussi a-t-on peine à détacher le regard du *bord* méridional du lac pour le porter sur le *bord* septentrional : c'est cependant de ce côté que la nature a secoué avec le plus de prodigalité les fleurs et les fruits qu'elle porte dans un pan de sa robe; ce sont des parcs, des vignes, des moissons, des villages, des *châteaux* bâtis dans tous ses sites, variés comme la fantaisie, et portant sur leur front sculpté la *date* précise de leur naissance; à Nyon, des constructions romaines élevées par César; à Vuflans, un manoir gothique, servant de *palais* à Berthe, la reine fileuse; à Morges, des villas en terrasses, qu'on croirait transportées, toutes construites, de Sorrente ou de Baïa; puis, au fond, Lausanne, avec ses clochers élancés, Lausanne, dont les maisons blanches semblent de loin une troupe de cygnes qui se sèchent au soleil et qui a placé au *bord* du lac la petite ville d'Oulchy, sentinelle chargée de faire signe aux voyageurs de ne point passer sans venir rendre hommage à la reine vaudoise.

LXII.

SYNONYMES.

LUMIÈRE. — LUEUR. — CLARTÉ. — ÉCLAT. — SPLENDEUR.

Ce qui rend les objets propres à frapper la vue.

LUMIÈRE exprime l'idée commune sans aucun accessoire particulier.

La LUEUR est une faible lumière.

La CLARTÉ est une lumière modérée.

L'ÉCLAT est une lumière vive.

La SPLENDEUR est une très-grande lumière.

NUÉE. — NUAGE.

Amas de vapeurs élevées dans l'air.

NUÉE dit plus que NUAGE ; NUÉE désigne une grande quantité de vapeurs étendues dans l'air et faisant craindre l'orage.

Le NUAGE est une réunion de vapeurs dont l'effet est de cacher, de couvrir, d'obscurcir, d'offusquer.

FRAGILE. — FRÊLE.

Ces deux mots ont la même étymologie, *fragilis*, qui peut être brisé.

FRAGILE, qui reproduit exactement le latin, convient davantage au propre, ou quand il est question de choses qu'on peut représenter comme sujettes à être réellement brisées : *Un vase* FRAGILE, *une union* FRAGILE.

La forme du radical s'étant considérablement modifiée dans FRÊLE, le sens y a perdu de sa rigueur. Ainsi une FRÊLE barque n'a guère de solidité, mais une barque FRAGILE n'en a pas du tout.

MARIN. — MARITIME.

Qui a rapport à la mer.

MARIN exprime un rapport plus étroit que MARITIME ; il signifie qui est de mer : *Monstre, sel* MARIN ; *conque, plante* MARINE.

MARITIME signifie qui se fait sur mer, ou même sur les côtes, dans les ports : *Les provinces* MARITIMES ; *le commerce* MARITIME. (Acad.)

AU TRAVERS. — A TRAVERS.

Au milieu, par le milieu.

<table>
<tr>
<td>AU TRAVERS suppose des obstacles : La balle d'un fusil passe AU TRAVERS de la porte en la perçant.</td>
<td>A TRAVERS ne suppose pas d'obstacles : Le vent passe A TRAVERS une porte mal jointe ou mal fermée, par les fentes, par les jointures.</td>
</tr>
</table>

DICTÉE SYNONYMIQUE.

PRIÈRE DU SOIR A BORD D'UN VAISSEAU.

Le globe du soleil, dont nos yeux pouvaient alors soutenir l'*éclat*, près de se plonger dans les vagues étincelantes, apparaissait entre les cordages du vaisseau, et versait encore le jour dans des espaces sans bornes. On eût dit, par les balancements de la poupe, que l'astre radieux changeait à chaque instant d'horizon. Les mâts, les haubans, les vergues du navire étaient couverts d'une teinte de rose. Quelques *nuages* erraient sans ordre dans l'orient, où la lune montait avec lenteur. Le reste du ciel était pur, et, à l'horizon du nord, formant un glorieux triangle avec l'astre du jour et celui de la nuit, une trombe, chargée des couleurs du prisme, s'élevait de la mer comme une colonne de cristal supportant la voûte du ciel. Il eût été bien à plaindre celui qui, dans ce beau spectacle, n'eût pas reconnu la bonté de Dieu! Des larmes coulèrent, malgré moi, de mes paupières, lorsque tous mes compagnons, ôtant leurs chapeaux goudronnés, vinrent à entonner, d'une voix rauque, leur simple cantique à Notre-Dame de Bon-Secours, patronne des mariniers. Qu'elle était touchante la prière de ces hommes qui, sur une planche *fragile*, au milieu de l'Océan, contemplaient un soleil couchant sur les flots! Comme elle allait à l'âme cette invocation du pauvre matelot à la mère de douleur! Cette humiliation devant Celui qui envoie les orages et le calme, cette conscience de notre petitesse à la vue de l'infini, ces chants s'étendant au loin sur les vagues; les monstres *marins*, étonnés de ces accents inconnus, se précipitant au fond de leurs gouffres; la nuit s'approchant avec ses embûches; la merveille de notre vaisseau au milieu de tant de merveilles; un équipage religieux, saisi d'admiration et de crainte; un prêtre auguste en prière; Dieu penché sur l'abîme, d'une main retenant le soleil aux portes de l'occident, de l'autre élevant la lune à l'horizon opposé, et prêtant, *à travers* l'immensité, une oreille attentive à la faible voix de sa créature : voilà ce que l'on ne saurait peindre, et ce que tout le cœur de l'homme suffit à peine pour sentir. (CHATEAUBRIAND.)

LXIII.

SYNONYMES.

DÉSERT. — INHABITÉ. — SOLITAIRE.

Ces mots sont applicables à un lieu où il n'y a pas d'habitants.

Le lieu DÉSERT (de *deserere*, abandonner) a été abandonné; on l'a fui pour une raison quelconque; il est négligé, vide, inculte : *Les cours seraient* DÉSERTES *et les rois presque seuls, si l'on était guéri de l'intérêt et de la vanité.*

Le lieu INHABITÉ manque d'habitants, n'est pas occupé par des hommes : *Maison* INHABITÉE.

Le lieu SOLITAIRE n'est pas fréquenté; il est tranquille; on y est seul : *Asile* SOLITAIRE.

PAYS. — CONTRÉE. — RÉGION.

Grandes divisions de la terre.

Pays est le terme le plus général, celui qu'on peut toujours employer à la place des deux autres, quand on ne tient pas à s'exprimer avec une rigoureuse exactitude : Pays *riant;* pays *élevé, bas;* pays *chaud, froid.*

Contrée représente un pays relativement à son aspect : Contrée *fertile, sablonneuse, riante.*

Région représente un pays par rapport à sa situation ou à sa température : Région *septentrionale, méridionale;* région *brûlante, glacée, tempérée.*

FLEUVE. — RIVIÈRE.

Cours d'eau.

Fleuve dit plus que rivière.

Le fleuve est un grand cours d'eau qui porte ses eaux et conserve son nom jusqu'à la mer : *La Loire est un des cinq grands* fleuves *de la France.*

La rivière se jette ordinairement dans le fleuve; elle peut aussi se jeter directement dans la mer, mais le volume d'eau qu'elle y porte n'est pas aussi considérable que celui du fleuve.

DISETTE. — FAMINE.

Manque de vivres dans un État, une province, une ville, etc.

Famine enchérit sur disette.

La disette est la grande rareté des aliments :

La famine est le manque total de vivres :

Cependant les vivres s'épuisent.... A la disette *enfin succède la* famine, *fléau terrible.* (Marmontel.)

COURS. — COURANT.

Ces mots se disent des eaux qui coulent, par opposition aux eaux stagnantes.

Le cours d'un fleuve se dit de la direction de toute la masse d'eau, et le courant de la direction de la partie la plus rapide.

Le courant entraîne; pour le remonter, il faut lutter contre le mouvement de l'eau; remonter le cours d'un fleuve, c'est simplement aller vers sa source, soit sur l'eau, soit en marchant sur les bords.

La différence est la même au figuré : *On est entraîné par le* courant *des affaires, des plaisirs; on suit le* cours *des affaires.*

DICTÉE SYNONYMIQUE.

LE BERGER QUI DEVIENT ROI.

Il y avait un berger qui gardait les brebis d'un village de Syrie aux bords d'un lac, dans un canton *inhabité* du Liban. Un jour, en abreuvant son troupeau, il s'aperçut que l'eau du lac fuyait par une issue souterraine, et il la ferma avec une grosse pierre; mais il y laissa tomber son bâton, qui fut emporté par le *courant*. Quelque temps après, un *fleuve* tarit dans une des provinces de la Perse. Le roi, voyant la *région* méridionale de ses États désolée par la *disette* et menacée de la *famine* par le manque d'eau pour les irrigations, fit consulter les sages de Persépolis; et, sur leur avis, il envoya des émissaires dans tous les royaumes environnants, pour découvrir comment la source de son *fleuve* avait été détournée ou tarie. Les ambassadeurs portaient le bâton du berger que le *fleuve* avait apporté. Le berger se trouvait à Damas quand ces envoyés y parurent; il se souvint de son bâton tombé dans le lac, il s'approcha et le reconnut entre leurs mains. « Que fera le roi pour celui qui lui rendra son *fleuve*? demanda-t-il aux envoyés. — Il lui donnera, répondirent-ils, sa fille et la moitié de son royaume. — Allez donc, répliqua-t-il, et, avant que vous soyez de retour, le fleuve perdu arrosera la Perse. » Le berger retourna dans les montagnes, ôta la grosse pierre, et les eaux, reprenant leur *cours* par ce canal souterrain, allèrent remplir le lit du fleuve. Le roi envoya de nouveaux ambassadeurs avec sa fille à l'heureux berger, et lui donna la moitié de son royaume.

LXIV.

SYNONYMES.

MÉTAMORPHOSE. — TRANSFORMATION.
Changement de forme.

La MÉTAMORPHOSE appartient à la mythologie : *La* MÉTAMORPHOSE *des compagnons d'Ulysse en pourceaux;* c'est aussi, en histoire naturelle, le terme savant : *La* MÉTAMORPHOSE *de la chrysalide en papillon.*

La TRANSFORMATION appartient à l'ordre naturel. En histoire naturelle, c'est le terme dont on se sert quand on se borne à parler la langue de tout le monde : *La* TRANSFORMATION *du gland en chêne.*

OBSCURITÉ. — NUIT.
Manque de lumière.

L'OBSCURITÉ a lieu lorsqu'il n'y a pas assez de lumière pour distinguer les objets.

La NUIT se distingue, sinon uniquement, par l'étendue et la durée.

PROIE. — BUTIN.
Ce dont on s'empare par force.

Le mot PROIE sert proprement à désigner ce que les animaux carnassiers ravissent et mangent.

Le mot BUTIN est proprement affecté à désigner ce qu'on a pris en guerre ou sur l'ennemi, les dépouilles.

BUTIN désigne aussi quelque chose de bon qu'on recueille ; on appelle BUTIN ce que l'abeille et la fourmi recueillent pour leur provision.

FUNÈBRE. — FUNÉRAIRE.
Relatif aux funérailles, à la mort.

Ce qui est FUNÈBRE vous frappe par un aspect de mort : *Chant* FUNÈBRE *; pompe* FUNÈBRE *; oiseaux* FUNÈBRES.

FUNÈBRE est une expression poétique.

Ce qui est FUNÉRAIRE est froidement signalé à votre esprit comme étant de telle sorte ou ayant telle destination : *Urne* FUNÉRAIRE *; frais* FUNÉRAIRES.

FUNÉRAIRE est un terme technique.

FRACAS. — TUMULTE. — VACARME.

L'idée de bruit est commune à ces trois mots.

Le FRACAS est remarquable par sa force, sa violence, son éclat; le TUMULTE, par le désordre, par le mélange d'une multitude de cris; le VACARME, par le tapage.

DICTÉE SYNONYMIQUE.

L'AVALANCHE ET L'ORAGE.

Un bruit imprévu s'est fait entendre. Du sommet des montagnes se précipite avec *fracas* une avalanche redoutable. Sa masse énorme brise, froisse, bouleverse toutes les couches d'air qu'elle parcourt dans sa chute : les vents naissent de ce bouleversement subit, les vents précurseurs de la tempête. Sous leur action impétueuse, les vapeurs répandues dans l'espace se condensent, et, par une subite *transformation*, deviennent des nuages qui s'étendent de toutes parts comme des voiles *funèbres*; l'astre du jour pâlit; une *obscurité* soudaine envahit l'horizon, et, se déployant par degrés, ensevelit sous ses teintes noirâtres les forêts superbes, les paysages enchantés, les sites pittoresques, et ces collines parées d'une si douce verdure. L'aigle lui-même, oubliant sa *proie*, cherche un abri sous les rocs. Cependant la tempête éclate, d'horribles éclairs brillent d'une lumière effrayante dans la profondeur des cieux; le tonnerre retentit de toutes parts, rendu plus affreux par les échos de la contrée. Le lac, violemment agité, soulève en mugissant ses vagues écumantes; les vents soufflent avec fureur; le pin altier, le chêne orgueilleux, chancellent sur leurs troncs robustes; l'humble arbrisseau se tourmente sur sa tige flexible; au haut des airs, les nuages s'entrechoquent; de leurs flancs rompus par la foudre tombe à flots redoublés une pluie formidable ; en un instant toute la région subit une *transformation* complète, et se trouve inondée ; les ruisseaux roulent, bondissent avec l'impétuosité des torrents ; les cascades deviennent d'épouvantables chutes d'eau ; et cette vallée, si riante et si belle, maintenant jonchée de débris, n'offre plus à l'œil consterné qu'une vaste scène de désolation et de ruines.

FIN DES DICTÉES SYNONYMIQUES.

DICTÉES DE RÉCAPITULATION

I.

LE BERRY.

Le Berry est un *pays singulièrement* pittoresque. Rien ne *saurait exprimer* la fraîcheur et la grâce de ces petites *allées* sinueuses qui s'en vont serpentant avec *caprice* sous leurs *perpétuels* berceaux de feuillage, *découvrant* à chaque *détour* une nouvelle profondeur toujours plus *mystérieuse* et plus *verte*. Quand le soleil de midi *embrase* jusqu'à la tige l'herbe profonde et *serrée* des *prairies*, quand les insectes bruissent avec force, et que la caille glousse dans les *sillons*, la fraîcheur et le *silence* semblent se *réfugier* dans les chemins *ombragés*. Vous y pouvez marcher une heure sans entendre d'autre bruit que le vol d'un merle *effarouché* à votre approche, ou le saut d'une petite grenouille, verte et *brillante* comme une émeraude, qui *dormait* dans son hamac de joncs *entrelacés*. Ce fossé lui-même *renferme* tout un monde d'habitants, tout une forêt de végétation; son eau *limpide* coule sans bruit en *s'épurant* sur la glaise, et caresse *mollement* des bordures de baume et de cresson; les *longues* herbes *appelées* rubans d'eau, les mousses *aquatiques* pendantes et chevelues, tremblent *incessamment* dans ses petits *remous* silencieux; la bergeronnette jaune y *trotte* sur le sable d'un air espiègle et *peureux à la fois;* la clématite et le chèvrefeuille l'ombragent de berceaux où le rossignol cache son nid. Au printemps, ce ne sont que fleurs et *parfums ;* à l'automne, les *prunelles* violettes *couvrent* les *rameaux* qui, en avril, blanchirent les premières ; la *senelle* dont les grives sont *friandes,* remplace la fleur d'aubépine, et les ronces, toutes chargées de flocons de laine qu'y ont laissés les *brebis* en passant, s'empourprent de petites mûres sauvages d'une *saveur* agréable.

II.

NAPOLÉON ET SON CONDISCIPLE DE BRIENNE.

Les *jeux* militaires faisaient les plus *chères* délices de Napoléon ; et ce n'était pas seulement avec des *pièces* d'ivoire ou de plomb que ce stoïcien précoce se *composait* une armée ; faute de mieux, il avait *enrégimenté* des cailloux. Une fois qu'il les *avait mis en ligne*, il *voulait* qu'on les *respectât* comme des hommes. Un de ses *camarades* qui *dérangea* un jour son ordre de bataille, eut lieu de s'en *repentir,* car il *porta* toute sa vie la marque de la punition que son étourderie ou sa *malignité* lui avait *attirée.* Au reste, cette marque devait lui *être utile ;* voici à quelle occasion. Bonaparte était *arrivé* au plus haut *degré* d'*élévation* où jamais homme soit *parvenu,* quand on *lui annonça* qu'un de ses anciens *camarades* de Brienne désirait lui *être présenté.* Le nom de cet homme ne lui *rappelant* aucun souvenir : « Demandez-lui, dit l'Empereur, s'il n'y a pas quelque *fait* particulier qui puisse m'*aider* à le reconnaître.

— Sire, il *porte* au front une cicatrice assez *profonde ;* elle doit, dit-il, vous *rappeler* un fait qui s'est passé entre vous deux.

— *Il a raison;* je sais ce que c'est que cette cicatrice; c'est un de mes *généraux* que je lui ai *envoyé* à la tête.....; qu'il entre. »

Le condisciple entra et obtint tout ce qu'il *désirait.*

<hr>

III.

LE BLÉ.

Le blé, qui sert à la *subsistance* générale du *genre* humain, *n'est pas produit* par des végétaux d'une grande *taille*, mais par de *simples* graminées. Le principal *soutien* de la vie humaine est *porté* par des herbes, et exposé à la merci des vents *les plus légers.* Il y a *apparence* que, si nous eussions été chargés de la sûreté de nos *récoltes*, nous n'eussions pas manqué de les *placer* sur de *grands* arbres ; mais en cela, *comme* dans tout le reste, il faut que nous admirions la prévoyance *divine* et que *nous nous méfiions* de la nôtre. Si nos récoltes étaient portées par des forêts, lorsque celles-ci sont *détruites* par la guerre, ou *incendiées* par notre *imprudence*, ou *renversées* par les vents, ou *ravagées* par les inondations, il faudrait des siècles pour les voir *renaître* dans un pays. De plus, les fruits des arbres sont bien plus sujets à couler que les semences des graminées. Les graminées *portent* leurs fleurs en épi surmontées souvent de *petites* barbes qui sont comme autant de petits toits qui les *mettent à l'abri* des eaux du ciel. Les gouttes de pluie ne peuvent pas les noyer, comme les fleurs radiées, en disques, en roses et en ombelles, dont les formes sont *toutefois* propres à certains *lieux* et à certaines saisons; mais celles des graminées *conviennent* à toutes les expositions.

IV.

LES MODES.

Quoique les modes *semblent* n'avoir d'autre *origine* que le caprice et la fantaisie, les caprices *adoptés* et les fantaisies *générales* méritent d'être *examinés*. Les hommes ont toujours fait et feront toujours cas de tout ce qui peut *fixer* les yeux des autres hommes, et leur donner en même temps des idées *avantageuses* de *richesses*, de *puissance*, d'*honneurs* et de grandeur. La *valeur* de ces pierres brillantes qui, de tout temps, ont été considérées comme des *ornements* précieux, n'est *fondée* que sur leur rareté et sur leur éclat éblouissant ; il en est de même de ces métaux *éclatants* dont le poids nous *paraît* si léger, lorsqu'il est *réparti* sur tous les *plis* de nos *vêtements* pour en faire *la parure ;* ces pierres, ces métaux sont moins des *ornements* pour nous, que des *signes* pour les autres auxquels ils doivent nous *remarquer* et reconnaître nos richesses ; nous *tâchons* de leur en donner une plus grande idée en *agrandissant* la *surface* de ces métaux ; nous voulons fixer leurs *yeux*, ou plutôt les éblouir : combien peu y en a-t-il, en effet, qui soient capables de séparer la personne de son *vêtement*, et d'apprécier sans mélange l'homme et le métal ! Tout ce qui est rare et brillant sera donc toujours de mode, tant que les hommes *tireront* plus d'avantage de l'*opulence* que de la vertu.

V.

MULTIPLICITÉ DES IMAGES SOLAIRES DANS LA NATURE.

Rien, dans le monde, n'est plus beau que le soleil et rien n'y est plus *réfléchi* que sa forme et sa lumière. Il est *réfléchi* de mille *manières* par les réfractions de l'air, qui le *montrent* chaque jour sur tous les horizons de la terre, avant qu'il y soit et lorsqu'il n'y est plus; par les parhélies, qui *réfléchissent quelquefois* son disque deux ou trois fois dans les nuages brumeux du *nord;* par les nuages pluvieux, où ses rayons réfrangés *tracent* un arc nuancé de mille couleurs; et par les eaux, dont les reflets le *représentent* en une infinité de lieux où il n'est pas, au sein des *prairies*, parmi les fleurs *couvertes* de rosée, et dans l'ombre des *vertes* forêts. La terre sombre et brute le *réfléchit* en outre dans les parties spéculaires des sables, des micas, des cristaux et des *rochers*. Elle nous offre la forme de son disque et de ses rayons dans les disques et les pétales d'une *multitude* de fleurs radiées dont elle est couverte. Enfin, ce bel astre est *multiplié* lui-même à l'infini, avec des variétés qui nous sont inconnues, dans les *étoiles* innombrables du ciel qu'il nous découvre, dès qu'il *abandonne* notre horizon, comme s'il ne se refusait à la terre que pour nous faire *apercevoir* les *beautés* du ciel.

VI.

LE CERVEAU DES ENFANTS.

Le cerveau des enfants est tout *ensemble* chaud et humide, ce qui leur *cause* un *mouvement* continuel.

Cette mollesse du cerveau fait que toutes choses s'y *impriment facilement*, et que les images de tous les objets sensibles y sont très-vives; ainsi, il faut *se hâter* d'écrire dans leur tête pendant que les caractères s'y *forment aisément*. Mais il faut bien choisir les images qu'on doit y *graver;* car on ne doit *verser* dans un réservoir si petit et si précieux que des choses *exquises :* il faut *se souvenir* qu'on ne doit à cet âge *verser* dans les esprits que ce qu'on *souhaite* qui y *demeure* toute la vie. Les premières images *gravées* pendant que le cerveau est encore mou, et que rien n'y est *écrit*, sont les plus profondes. D'ailleurs, elles se durcissent à mesure que l'âge *dessèche* le cerveau : ainsi elles deviennent ineffaçables; de là vient que, quand on est vieux, on *se souvient distinctement* des choses de la jeunesse, quoique éloignées, tandis qu'on se *souvient* moins de celles qu'on a vues dans un âge plus avancé, parce que les traces ont été faites dans le cerveau lorsqu'il était desséché et *plein* d'autres images. Cette humidité du cerveau, qui rend les impressions *faciles,* étant jointe à une grande chaleur, fait une *agitation* qui empêche toute *application* suivie. Entretenez donc seulement la curiosité de l'enfant, et faites dans sa mémoire un *amas* de bons matériaux : viendra le *temps* qu'ils s'assembleront eux-mêmes, et que, le cerveau ayant plus de consistance, l'enfant raisonnera de suite.

VII.

LE SOMMEIL.

L'animal *interrompt*, par le sommeil, non-seulement tous les mouvements *extérieurs,* mais encore toutes les principales opérations internes qui pourraient *agiter* et dissiper trop les esprits. Il ne lui reste que la respiration et la digestion : c'est-à-dire que tout mouvement qui *userait* ses forces est *suspendu*, et que tout mouvement propre à les renouveler s'*exerce* seul et librement. Ce repos, qui est une *espèce* d'enchantement, *revient* toutes les nuits, pendant que l'obscurité empêche le travail. Qui est-ce qui a *inventé* cette *suspension?* Qui est-ce qui a si bien choisi les opérations qui doivent *continuer*, et qui est-ce qui a exclu, avec un si juste discernement, toutes celles qui ont besoin d'être *interrompues?* Le lendemain, toutes les fatigues passées sont comme *anéanties*. L'animal travaille comme s'il n'avait jamais travaillé, et il a une *vivacité* qui l'*invite* à un travail nouveau. Par ce renouvellement, les nerfs sont toujours *remplis* d'esprits, les chairs sont souples; la peau demeure entière, quoiqu'elle dût, ce semble, s'user. Le corps vivant de l'animal use bientôt les corps *inanimés*, et même les plus solides, qui sont autour de lui; et il ne s'use point. La peau d'un *cheval* use plusieurs selles. La chair d'un enfant, quoique si *tendre*, use beaucoup d'*habits* pendant qu'elle *se fortifie* tous les jours. Si ce renouvellement était parfait, ce serait *l'immortalité* et le don d'une jeunesse éternelle. Mais comme ce renouvellement n'est qu'imparfait, l'animal perd *insensiblement* ses forces et *vieillit*, parce que tout ce qui est créé doit porter la *marque* du néant d'où il est sorti, et, par conséquent, *avoir une fin*.

VIII.

MADAME DE SÉVIGNÉ A SA FILLE.

Ma chère enfant,

Il y a trois heures que je suis ici, et je n'ai pas *cessé* de penser à vous depuis que je suis arrivée; ne pouvant plus *contenir* en moi tous mes sentiments, je me suis mise à vous écrire au bout de cette petite allée *sombre* que vous aimez, assise sur ce *siége* de mousse où je vous ai vue *quelquefois* couchée. Mais, mon Dieu, où ne vous ai-je point vue ici! et de quelle *manière* toutes ces pensées me *percent-elles de part en part* le cœur! Il n'y a point d'*endroit*, point de *lieu,* ni dans la maison, ni dans l'église, ni dans le *pays,* ni dans le *jardin,* où je ne vous aie vue; il n'y en a point qui ne me *fasse souvenir* de quelque chose : de quelque *manière* que ce soit, cela me *perce* le cœur. Je vous vois, vous m'êtes présente; je pense et repense à tout; ma tête et mon esprit se creusent; mais j'ai beau tourner, j'ai beau chercher; cette chère enfant que j'aime avec tant de *passion* est à deux cents lieues de moi, je ne l'*ai* plus; sur cela, je *pleure* sans pouvoir m'en empêcher. Ma chère bonne, voilà qui est bien faible; mais, *pour* moi, je ne sais point être forte contre une *tendresse* si juste et si naturelle. Je ne sais en quelle disposition vous serez en lisant cette lettre; le hasard fera peut-être qu'elle *arrivera* mal à propos, et qu'elle ne sera pas lue de la *manière* qu'elle est écrite; à cela je ne *sais* point de remède; elle sert toujours à *soulager mes maux;* c'est *au moins* ce que je lui demande; l'état où ce lieu m'a mise est chose *incroyable.* Je vous *prie* de ne point parler de mes faiblesses; mais vous devez les aimer et respecter mes *larmes*, puisqu'elles *viennent* d'un cœur tout à vous.

Livry, 24 mars 1671.

IX.

LE PERROQUET GRIS.

Non-seulement cet oiseau a la facilité d'imiter la voix de l'*homme*, il paraît encore, quoi qu'on puisse dire, en avoir le désir; il le *manifeste* par son attention à écouter, par l'effort qu'il fait pour *répéter* les mots qu'il a entendu *prononcer;* et cet effet se *répète* à chaque *instant,* car il gazouille *sans cesse* quelques-unes des syllabes qu'on a *essayé* de lui *apprendre*, et il cherche à prendre le dessus de toutes les voix dont son oreille s'est senti frapper, en faisant *éclater* sa propre voix. Souvent on est surpris de lui entendre *reproduire* des mots ou des sons qu'on n'avait pas *cherché* à lui faire retenir, et qu'on ne le soupçonnait même pas d'avoir *écoutés;* il paraît se faire des tâches et vouloir retenir la leçon qu'on lui a donnée; il en est occupé *jusque* dans son sommeil, il *jase* encore en rêvant. C'est *surtout* dans ses premières années qu'il montre cette facilité, qu'il *a* le plus de mémoire, et que se *manifestent* son intelligence et sa docilité. Quelquefois cette faculté de mémoire, cultivée de bonne heure, devient *étonnante;* mais, plus *âgé*, il devient rebelle et n'apprend que *difficilement*.

X.

LES OISEAUX.

Les oiseaux sont de tous les êtres de la nature les plus *indépendants* et les plus fiers de leur *liberté*, parce qu'elle est plus *étendue*, plus *complète* que celle de tous les animaux; comme il ne faut qu'un *instant* à l'oiseau pour *franchir* tout obstacle et *s'élever au-dessus* de ses ennemis, qu'il leur *est supérieur* par la *vitesse* du mouvement et par l'avantage de sa position dans un élément où ils ne peuvent *atteindre*, il *voit* tous les animaux terrestres comme des êtres *lourds*, rampants, *attachés* à la terre; il n'aurait même nulle *crainte* de l'homme, si la balle et la flèche ne lui avaient *appris* que, sans *sortir de* sa place, il peut atteindre, frapper et *porter la mort au loin*. La nature, en *donnant* des ailes aux oiseaux, leur a *départi* les attributs de l'indépendance et les instruments de la plus *haute* liberté; aussi n'ont-ils de patrie que le *ciel* qui leur convient; ils en prévoient les *saisons*, et changent de climat en *devançant* les saisons; ils ne s'y *établissent* qu'après en avoir pressenti la température; la plupart n'arrivent que quand la douce haleine du printemps a *tapissé* les forêts de verdure, quand elle fait *éclore* les germes qui doivent les nourrir, quand ils peuvent *s'établir* se *gîter*, se cacher sous le feuillage; quand enfin le ciel et la terre *semblent* réunir leurs bienfaits pour *combler* leur bonheur.

XI.

L'AME ET LE VISAGE.

Lorsque l'âme *est tranquille*, toutes les parties du *visage* sont dans un état de repos ; leur proportion, leur union, leur ensemble *marquent* la douce harmonie des pensées et *répondent au calme de l'intérieur ;* mais *lorsque* l'âme est *agitée*, la *face* humaine devient un tableau *vivant* où les passions sont *rendues* avec autant de délicatesse que d'*énergie*, où chaque mouvement de l'âme est *exprimé* par un trait, chaque action par un caractère dont l'impression *vive* et *prompte devance* la volonté, nous *décèle* et *rend* au dehors par des signes *pathétiques* les images de nos *secrètes agitations*. C'est surtout dans les yeux qu'elles se *peignent*, et qu'on peut les *reconnaître ;* l'œil appartient à l'âme plus qu'*aucun* autre organe ; il semble y toucher et *participer* à tous ses mouvements ; il en *exprime* les passions les plus *vives* et les *émotions* les plus tumultueuses, comme les mouvements les plus doux et les sentiments les plus *délicats*, et les *rend* dans toute leur *force*, dans toute leur pureté, tels qu'ils viennent de *naître ;* il les *transmet* par des traits rapides qui portent dans une autre âme le *feu*, l'action, l'image de celle dont elles *partent ;* l'œil reçoit et *réfléchit en même temps* la lumière de la pensée et la chaleur du sentiment : c'est le *sens* de l'esprit et la langue de l'intelligence.

XII.

L'AMOUR DE LA PATRIE.

La *Providence* a, pour ainsi dire, *attaché* les pieds de chaque *homme* à son *sol* natal par un aimant invincible. Tout *confirme* la vérité de cette *remarque*. Un sauvage *tient plus* à sa hutte qu'un *prince* à son palais, et le montagnard trouve plus de *charme* à sa montagne que l'habitant de la plaine à son *sillon*. Demandez à un *berger* écossais s'il *voudrait* changer son *sort* contre *celui* du premier *potentat* de la terre ; loin de sa tribu *chérie*, il en *garde* toujours le *souvenir ;* partout il redemande ses troupeaux, ses *torrents*, ses nuages *même ;* il n'aspire qu'à manger son pain d'orge, à boire le lait de sa chèvre, à chanter dans la *vallée* ces ballades que chantaient aussi ses *aïeux*. Il dépérit s'il ne *retourne* au *lieu* natal. C'est une plante de la montagne ; il faut que sa racine soit dans le *rocher ;* elle ne peut *s'épanouir* si elle n'est battue des *vents* et des pluies ; la terre, les abris et le soleil de la plaine la font périr. Ainsi, en nous fixant à la patrie, la *Providence* justifie toujours ses vues, et nous avons pour notre pays *mille* raisons d'amour. L'Arabe n'oublie point le puits du chameau, la gazelle, et *surtout* le cheval, compagnon de ses courses ; le nègre *se souvient* toujours de sa case, de sa zagaie, de son bananier, et du sentier du zèbre et l'éléphant.

XIII.

UNE JEUNE FILLE DOIT ÊTRE ÉCONOME.

Il est bon *d'accoutumer* de bonne heure les jeunes filles à *gouverner* quelque chose, *à faire* des comptes, à voir la manière de faire les marchés de tout ce qu'on achète, et à *savoir* comment il faut que chaque chose soit faite pour être d'un bon usage. Mais *craignez* aussi que l'*économie* n'aille en elles jusqu'à l'avarice; *montrez*-leur en détail tous les ridicules de cette passion. Dites-leur ensuite : *Prenez garde* que l'avarice *gagne* peu, et qu'elle se déshonore beaucoup. Un esprit raisonnable ne doit chercher, dans une vie frugale et *laborieuse*, qu'à *éviter* la honte et l'injustice attachées à une conduite prodigue et *ruineuse*. Il ne faut *retrancher* les dépenses *superflues*, que pour être en état de faire plus *libéralement* celles que la *bienséance*, ou l'amitié ou la charité *inspirent*. Souvent, c'est faire un grand *gain* que de savoir perdre à propos : c'est le bon ordre, et non certaines *épargnes* sordides, qui *procure* les grands *profits*. Ne manquez pas de *représenter* l'erreur grossière de ces femmes qui *se savent bon gré* d'avoir épargné une bougie, et qui se sont laissé *tromper* par un intendant sur le gros de leurs affaires.

XIV.

APPARENCES TROMPEUSES CHEZ LES ENFANTS.

Il y a des naturels d'enfants auxquels on se trompe fort. Ils *paraissent* d'abord *jolis*, parce que les premières grâces de l'enfance ont un *lustre* qui *couvre* tout; on y *voit* je ne sais quoi de *tendre* et d'aimable, qui empêche d'*examiner* de près le détail des traits du *visage*. Tout ce qu'on *trouve* d'esprit en eux *surprend*, parce qu'on n'en *attend* point de cet âge; toutes les *fautes* de jugement leur sont permises, et ont la grâce de la naïveté; on prend une certaine *vivacité* du corps, qui ne manque jamais de *paraître* dans les enfants, pour celle de l'esprit. De là vient que l'enfance *semble* promettre tant, et qu'elle donne si peu. Tels ont été *célèbres* par leur esprit à l'âge de cinq ans, qui sont tombés dans l'*obscurité* et dans le mépris à mesure qu'on les a vus *croître*. De toutes les qualités qu'on *trouve* dans les enfants, il *n'y en a* qu'une sur laquelle on puisse compter, c'est le bon raisonnement; il *croît* toujours avec eux, pourvu qu'il soit bien *cultivé;* les grâces de l'enfance s'*effacent*, la vivacité *s'éteint;* la *tendresse* du cœur *se perd* même souvent, parce que les passions et le *commerce* des hommes politiques *endurcissent* insensiblement les jeunes gens qui entrent dans le monde.

XV.

DES ANIMAUX UTILES A L'HOMME.

La nature n'a *donné* l'instinct de sociabilité qu'aux animaux dont les services *pouvaient être utiles à* l'homme en tout temps et elle les a *configurés* d'une façon admirable pour les *différents* sites du règne végétal. Je ne *parle pas* du chameau des Arabes, qui peut *rester* plusieurs jours sans boire, en *traversant* les sables brûlants du désert; ni du renne des Lapons, dont le pied très-fendu peut s'appuyer et courir sur la *surface* des neiges; ni du rhinocéros des Siamois qui, avec les *replis* de sa peau qu'il *gonfle* à volonté, peut se dégager des terrains marécageux; ni de l'éléphant d'Asie, dont le pied *divisé* en cinq ergots, est si sûr dans les *montagnes escarpées* de la zône torride; ni du lama du Pérou, qui monte avec ses pieds ergotés sur les âpres rocs des Cordillères. Mais, sans *sortir de* nos hameaux, le cheval solipède paît dans les *plaines;* la vache pesante, au fond des *vallées;* la brebis légère, sur les sommets des collines; la chèvre grimpante, sur les *flancs* des *rochers;* l'oie et le canard mangent les herbes *fluviatiles;* la poule *ramasse* tout ce qui *se perd* dans les champs; l'abeille aux quatre ailes butine les *poussières* des fleurs, et le pigeon rapide va glaner les *semences* qui se perdent dans les rochers *infranchissables.* Tous ces animaux, après avoir occupé *pendant* le jour les *différents* sites de la végétation, *reviennent* le soir à l'*habitation* de l'homme, avec des bêlements, des murmures et des cris de joie, en lui rapportant les *doux* tributs des plantes *changées*, par une *métamorphose inconcevable*, en miel, en lait, en beurre, en œufs et en crème.

XVI.

L'HOMME EN SOCIÉTÉ.

L'homme a d'abord *compris* sa force et sa faiblesse, et les a mesurées; il a *senti* son ignorance et sa curiosité, et les a *pesées :* il a *senti* que seul il ne pouvait suffire ni satisfaire par lui-même à la *multiplicité* de ses besoins, il a *reconnu* le profit qu'il aurait à renoncer à l'usage illimité de sa volonté pour *acquérir* un droit sur la volonté *des autres*; il *a réfléchi* sur l'idée du bien et du mal, il l'a *gravée* au fond de son cœur à la faveur de la lumière naturelle que lui *a départie* la bonté du Créateur; il a vu que la solitude n'était pour lui qu'un état de *danger* et de *guerre*, il a cherché la sûreté et la *paix* dans la société, il y a porté ses forces et ses lumières pour les *augmenter* en les *réunissant* à celles des autres; cette réunion de l'homme est l'ouvrage le meilleur, c'est de sa raison l'usage le plus *sage*. En effet, il n'est *tranquille*, il n'est fort, il n'est grand, il ne commande à l'univers que parce qu'il a su se commander à lui-même, se *vaincre*, se soumettre et *s'imposer* des lois; l'homme, en un mot, n'est homme que parce qu'il a su *se réunir* à l'homme.

XVII.

LES OISEAUX CHANTANTS.

Les oiseaux chantants ont des mélodies en *convenance* parfaite avec les sites qu'ils occupent et même avec les distances où ils vivent de nos *habitations*. L'alouette, qui *fait* son nid dans nos blés, et qui *aime* à s'y élever à perte de vue, *se fait entendre* en l'air, lors même qu'on ne l'*aperçoit* plus. L'hirondelle, qui *frise* en volant les *parois* de nos *habitations* et qui se repose sur nos *cheminées*, a un petit *gazouillement* doux, qui n'est point *étourdissant*, comme serait celui des oiseaux des *bocages*; mais le rossignol solitaire se fait *ouïr* à plus d'une demi-lieue. Il se *méfie* du voisinage de l'homme; et *cependant* il *se place* toujours à la vue de son *habitation* et à la portée de son *ouïe*. Il choisit, pour cet effet, les *lieux* les plus *retentissants*, afin que leurs échos donnent plus d'action à sa voix. Quand il *s'est établi* dans son orchestre, il chante alors un drame inconnu, qui a son exorde, son exposition, ses récits, ses événements *entremélés* tantôt des sons de la *joie* la plus *éclatante*, tantôt de *ressouvenirs* amers et *lamentables*, qu'il exprime par de longs soupirs. Il se fait *entendre* au commencement de la saison, où la nature *se renouvelle* et semble *présenter* à l'homme un *tableau* de la carrière inquiète qu'il doit parcourir.

XVIII.

DE L'IMPORTANCE DE L'ÉDUCATION DES JEUNES FILLES.

L'éducation des jeunes filles est *parfois* négligée *la coutume* et le caprice des mères y décident souvent de tout. Il ne faut pas, dit-on, que les jeunes filles soient *savantes* ; la curiosité les rend *vaines* et précieuses ; il suffit qu'elles sachent *gouverner* un jour leur ménage et obéir à leur *mari* sans raisonner. On ne manque pas de se servir de l'expérience qu'on a *de beaucoup* de femmes que *la science* a rendues ridicules ; après quoi l'on *croit* être en droit *d'abandonner* les jeunes filles à demi ignorantes. Il est vrai qu'il faut *craindre* de faire des savantes ridicules ; aussi n'est-il pas à propos de les jeter dans des études trop *ardues*. La plupart même des arts mécaniques ne leur *conviennent* pas : elles sont faites pour des exercices modérés. Leur corps, aussi bien que leur esprit, *possède* moins de force que celui des hommes ; en revanche, la nature leur *a donné en partage* l'industrie, la propreté et l'économie, pour les occuper *tranquillement* dans leur maison. Il faut d'ailleurs *considérer*, outre le bien que font les femmes quand elles *sont bien élevées*, le mal qu'elles *causent* dans le monde quand elles manquent d'une éducation qui leur inspire la vertu. Il est *constant* que la mauvaise éducation des femmes *fait* plus de mal que celle des hommes.

FIN DES DICTÉES DE RÉCAPITULATION.

FIN DE LA TABLE ALPHABÉTIQUE

TABLE

DES DICTÉES SYNONYMIQUES

DICTÉES DE RÉCAPITULATION

FIN DE LA TABLE DES DICTÉES SYNONYMIQUES

Coulommiers. — Typog. A. MOUSSIN

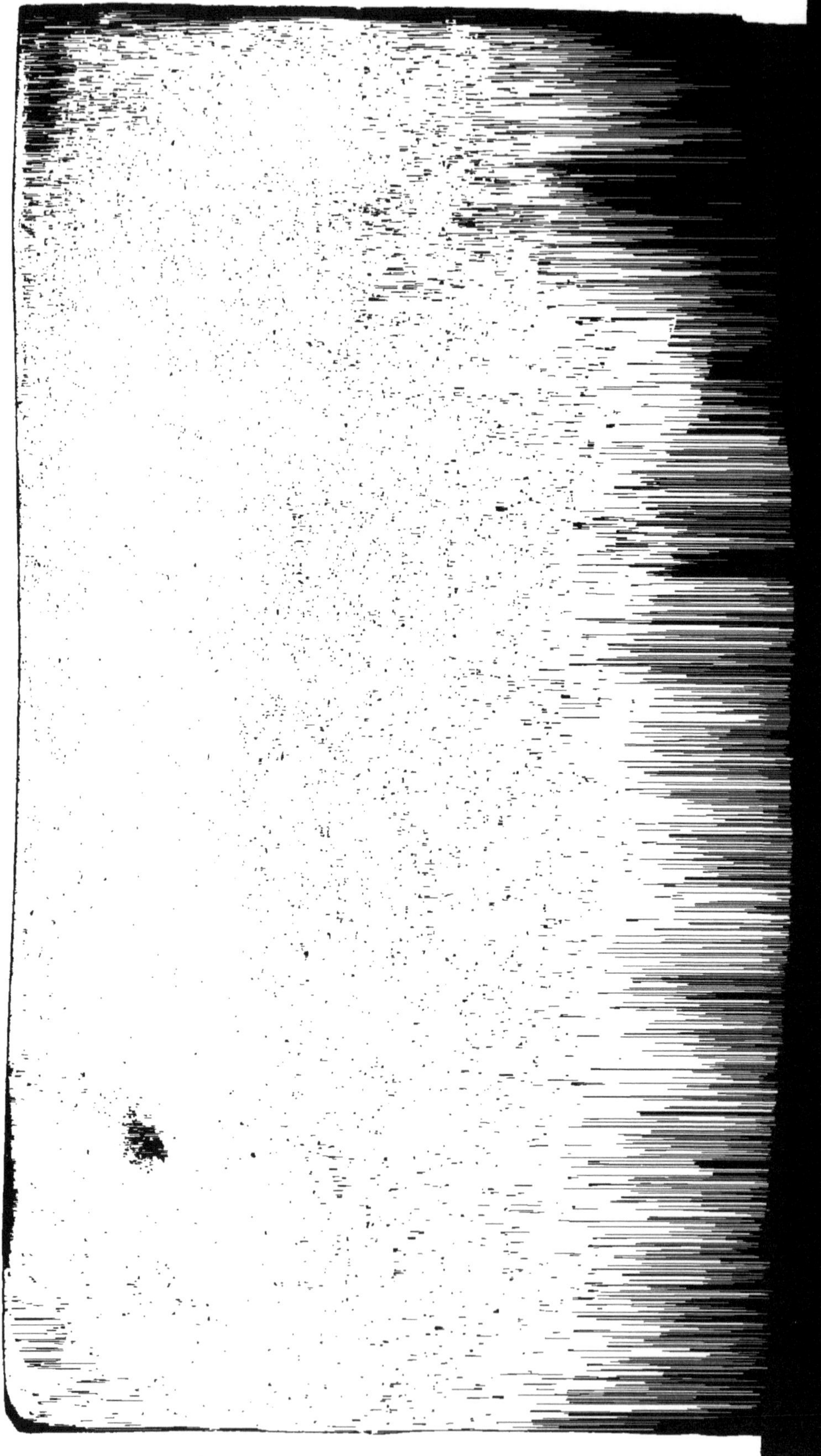

www.ingramcontent.com/pod-product-compliance
Ingram Content Group UK Ltd.
Pitfield, Milton Keynes, MK11 3LW, UK
UKHW021216140726
13695UKWH00002B/580